靈鷲山文化　陳琴富◎合編

Jiuhua Mountain

蓮花佛國

Lotus Buddhist Kingdom

地藏道場—九華山

前進 → 地藏菩薩 的 道 場

Jiuhua Mountain

願成佛　度眾生

　　朝聖是不是玩？也是玩，問問自己：玩的心是什麼心呢？就用佛心去玩，把煩惱心玩掉、把計較心玩掉、把無明心玩掉，慢慢地玩到正知正見，正如師父也很喜歡玩，跟大家在一起，不逗逗大家，也覺得非常難過！把障礙玩掉，懺悔掉一切業障，然後發菩提心、發願成佛、發願自利利他，這是佛教徒生生世世要做的啦！如果不發願，那就有苦頭吃啦！

　　來到四大菩薩的聖地，就是入聖隨俗，因為我們入了地藏菩薩的願力，入了地藏菩薩的環境，就要開始有大願力——願成佛，度眾生。為什麼要度眾生呢？不度眾生的煩惱，你想斷自己的煩惱也斷不成！因為一切糾纏、罣礙、仇恨、貪瞋癡都瓜葛在一起，想要洗都洗不清，趕也趕不走，既洗不清也割不掉，糾纏得很！唯有發願讓眾生成佛，然後他們會去度其他眾生，不跟你糾纏了，所以只有人人成佛，我們的煩惱才能夠真正斷。

　　昨天有個弟子問我：「師父，我有一個煩惱！」我說：「有什麼煩惱都把它交給地藏菩薩；什麼煩惱都發願懺悔！」來到地藏菩薩這邊，還有什麼好煩惱的？只有兩個動作可以做，就是「懺悔」跟「發願」。如果在地藏菩薩面前都不能消業，還能夠在那裡消業呢？如果有這種信心，業障就能消除，願力也會達成。在朝聖的時候，有任何煩惱一定是丟給佛菩薩，不要儲蓄，儲蓄起來有什麼好處？回去又更大包！

　　人心驕傲的時候，看誰都不順眼，這樣不會快樂！如何才能快樂呢？一定要常常禮敬諸佛、懺悔業障，這樣看誰都會順眼，心不驕傲才會快樂。也許

你們心目中覺得師父已經很
有修行了，應該不用再禮拜
地藏菩薩了，可是師父覺
得：我時時都像是一個剛學
佛的人，隨時都要從禮敬諸
佛做起。

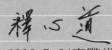

2002.5.24安徽省銅嶺

心道師父開示

步履地藏大願

心道師父開示

　　人跟人之間，要常常彼此祝福，彼此奉獻與給予。

　　今天我們來朝聖，試問地藏菩薩在哪裏？圓寂了，對不對？肉身放在月身寶塔殿，但是大家知道，我們是跟著地藏菩薩的路走、跟著他的教化走、跟著他的願力走，因為我們在學習，為什麼要學習呢？因為我們真的有很多放不下、想不開的事情，還有很多找不到目標跟方向的時候，到此朝拜，地藏菩薩會引領、指導、加持我們，使我們在短短的人生裡，能夠獲得智慧、慈悲，然後用智慧跟慈悲去耕耘生生世世的生命。

今天我們很幸運碰到了佛法，遇到好的善知識，引領我們走這條不墮落、行善、造福、自利利他的一條路，這是一條幸福的路！有很多人仍在考慮，到底要不要走這條路？大家想想看，不走這條路要走什麼路？只有一條路可以到天堂，今天若說到天堂，大家馬上就跑來了，更何況到極樂世界。

所以到九華山朝禮地藏菩薩，就要發願成佛。今生一步一步地走，如果不發願成佛，一步都踏不了，今天踏一步，明天就開始煩惱；明天踏一步，後天就後悔了，天天都在後悔行善，豈不可惜。當我們願成佛的時候，不管多少痛苦、麻煩、阻礙，都會繼續去耕耘這份菩提心和成佛的太平之路，越走越覺得海闊天空、自由自在；我們會珍惜生命，一點點也不願浪費，精進往前去走一個利他的生命。

希望大家覺得學佛是那樣地珍貴，那樣地讓我們捨不得放棄，必須要不斷地朝聖來加強這份願力，朝四大名山讓我們道心不退、學佛不退轉，這樣才能做一個自己不造業、更不會讓別人造業的學佛人。

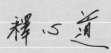

2002.5.24　　上海龍華寺迎賓館

目錄

CONTENTS　　The way of heart

蓮 花 佛 國　地 藏 菩 薩 的 道 場 – 九 華 山

導覽

九華山 地圖 MAP

美女峰

▼ 碧雲亭

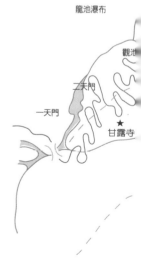

龍池瀑布

觀池

二天門

一天門

★ 甘露寺

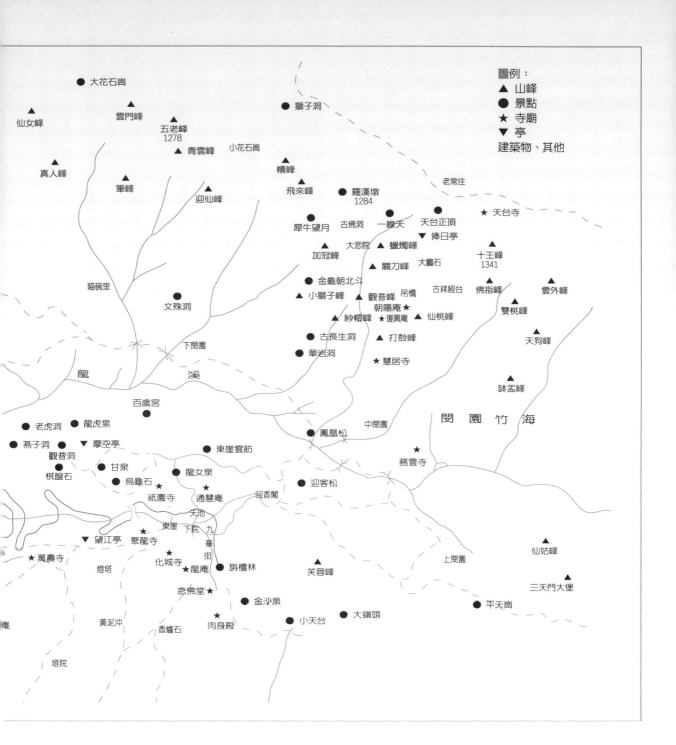

圖例：
▲ 山峰
● 景點
★ 寺廟
▼ 亭
建築物、其他

● 大花石崗
▲ 仙女峰
▲ 雲門峰
▲ 五老峰 1278
▲ 青雲峰
小花石崗
● 獅子洞
▲ 真人峰
▲ 筆峰
▲ 迎仙峰
▲ 幘峰
▲ 飛來峰
● 羅漢墩 1284
老常住
● 犀牛望月
古佛洞
● 一線天
天台正頂
★ 天台寺
▼ 捧日亭
▲ 加冠峰
大悲院
▲ 蠟燭峰
大鵬石
▲ 十王峰 1341
貓碗里
● 文殊洞
▲ 關刀峰
● 金龜朝北斗
▲ 小獅子峰
▲ 觀音峰
吊橋
古拜經台
▲ 佛指峰
▲ 雲外峰
下閔園
朝陽庵 ★
▲ 雙桃峰
▲ 紗帽峰
★ 復興庵
▲ 仙桃峰
● 古長生洞
▲ 打鼓峰
▲ 天狗峰
龍　　溪
● 華岩洞
★ 慧居寺
▲ 缽盂峰
● 百歲宮
中閔園
閔　園　竹　海
● 老虎洞
● 龍虎泉
● 鳳凰松
● 燕子洞
▼ 摩空亭
務雲寺 ★
● 觀音洞
● 甘泉
● 東崖雲舫
棋盤石
烏龜石
● 龍女泉
● 迎客松
★ 祇園寺
通慧庵
回香閣
天池
▼ 望江亭
東崖
下院
九
▲ 仙姑峰
★ 萬壽寺
聚龍寺 ★
華
街
★ 化城寺
燈塔
★ 龍庵
● 旃檀林
▲ 芙蓉峰
上閔園
▲ 三天門大堡
念佛堂 ★
● 金沙泉
黃泥沖
香爐石
★ 肉身殿
● 小天台
● 大嶺頭
● 平天崗
塔院

001 第一章 蓮花佛國

不是古老的傳說
不是附會的神話
灑一襲袈裟化現一方道場
許一個願望普渡十方世界

寂寞空門　煙霞相伴
宴坐東岩　飄雪為侶

那管他地獄不空
那管他眾生無量
化城寺裡拄錫杖　聲震幽冥
肉身殿中現金身　常住娑婆

夕陽紅艷　百歲宮中留連不去
暮靄翠濃　東崖寺前躑躅忘返

踩踏著足跡
願生生常隨步履
沐浴著慈光
願世世常行佛道

001 章 蓮花佛國
Lotus Buddhist Kingdomsountain

時光倒流回到二千四百年前，當釋迦牟尼佛到忉利天宮說法時，曾付囑地藏菩薩，要在釋迦牟尼佛入滅後，彌勒佛降生之前的無佛世界，留住世間，教化六道眾生。就是因為這個願力，地藏菩薩便常現身天上、人間及地獄等處，救度眾生，自誓必定度盡六道眾生，方乃成佛，誠如其願：「地獄不空，誓不成佛；眾生度盡，方證菩提。」

地藏菩薩為度眾生的深廣願力如同大地，踏實、穩定而默然，也就是因為這份深切的悲願，在去九華山之前，我的心裡已經做好準備，許許多多的願將留予聖地，細細與菩薩訴說。

東南第一山

九華山位於安徽南部的青陽縣境內，南望黃山，與之毗連，北瞰長江，東臨太平湖，方圓一百二十公里，山勢靈秀神奇，有九十九峰，以天臺、蓮華、天柱、十王等九峰最雄偉，主峰十王峰，海拔1342公尺，其間梵剎林立，寺院風情獨具特色。九華山佛教聖地自唐開元末闢建為「地藏菩薩道場」以來，已有一千二百多年歷史，因為九大主峰形似蓮花，因此有蓮花佛國之譽。有騷人墨客來此遊，作詩描述

■奇峰一見驚魂魄～劉禹錫

此處風光云：「一蓮峰簇萬花紅，百里春陰滌曉風，九十蓮華一齊笑，天臺人立寶光中。」因其山川之秀，故素有「東南第一山」之稱。

　　九華山在漢朝時稱陵陽山，南朝梁時名叫九子山，係因九子峰而得名，此峰頂有九小峰，狀如嬰兒，回環向背，團聚而戲，故名九子。它曾經是道教的重要道場，之後歷經儒釋道並存的局面，如今是地藏菩薩的道場，日後逐漸與山西五臺山的文殊道場、四川峨嵋山普賢道場和浙江普陀山的觀音道場，並稱為中國佛教四大名山。

　　九華山與黃山同出一脈，山色秀麗，終年雲霧繚繞，九座主峰半掩於雲霧中，宛如九朵盛開的蓮華，無怪乎唐朝天寶三年（公元754）遭受貶謫的詩仙--李白（公元701--

■宋代王安石譽之為「楚越千萬山，雄奇此山兼。」山中多溪流、瀑布、怪石、古洞、蒼松、翠竹，山光水色獨特別緻，遍佈名勝古跡。昔日有騷人墨客來此遊，作詩描述此處風光云：「一蓮峰簇萬花紅，百里春陰滌曉風，九十蓮華一齊笑，天臺人立寶光中。」

762）應友人之邀來到此地，與書權輿、高霽譜寫了，〈改九子山爲九華山聯句〉詩，詩云：

妙有分二氣，靈山開九華。
—〈李白〉

層標遏迟日，半壁明朝霞。
—〈高霽〉

積雪曜陰壑，飛流噴陽崖。
—〈書權輿〉

青熒玉樹色，飄紗羽人家。
—〈李白〉

一句「妙有分二氣，靈山開九華。」從此爲九華山定名。李白在〈改九子山爲九華山聯句并序〉中提及：「青陽縣南有九子山，山高數千丈，上有九峰如蓮花...予乃削其舊號，加以九華之目。」李白與友人坐眺九子山，九座主峰就像是九朵盛開的蓮花，由於此聯句，九子山慢慢被改稱爲九華山，流傳至今。

隔年，李白由金陵溯江而上赴江西潯陽，舟行江中，遠眺如蓮花般浮於雲海之中的九華山，再次引發詩人的創作靈感：

昔在九江上，
遙望九華峰；
天河掛綠水，
綉出九芙蓉。

此後，劉禹錫（公元772--842）暢遊九華山，也被大自然奇景吸引，曾寫：「九華山、九華山，自是造化一尤物」、「奇峰一見驚魂魄」、「九峰競秀、神采奇異」；宋代王安石譽之爲「楚越千萬山，雄奇此山兼。」山中多溪流、瀑布、怪石、古洞、蒼松、翠竹，山光水色獨特別緻，歷代文人墨客接踵而至，杜牧、梅曉臣、王安石、周必大、文天祥、王守仁、董其昌、康

■從天台俯瞰而下，清塵脫俗的絕美環境，恍若仙境，「天上人間」如臨佛國聖地。

有為、張大千等歷代文人、詩人、書畫家相繼來到此地，留下不少佳作真跡。因此九華山除了是佛教聖地外，也是人文薈萃的寶地。

九華山母質為花崗岩，最高峰為十王峰，海拔1342公尺，其次是七賢峰1337公尺，天台峰1306公尺，一千公尺以上的高峰有三十餘座，多奇峰、怪石、山泉、瀑布，高低錯落的山勢間還佈滿了蒼松、翠竹，鬱鬱蔥蔥。

氣候潮濕，一年之中有一百一十八天都在下雨，每年十月中開始飄雪，雪季到隔年三月。山中日照時短，縱使是盛夏時節，在山中也宛如仲春，平均氣溫不到二十度，夜間還有涼意。因此山頂懸崖上的寺

■觀音峰上的觀音岩狀似觀音菩薩，也成為到九華山必朝禮之地。

廟，經常繚繞在深深淺淺、似有若無的雲霧中，更添佛國仙境的空靈感，山谷盆地也經常出現煙濤雲海、變化萬千之景。由於地處江南丘陵北緣，每當晴空萬里綉就可俯瞰山前綠野萬頃，田疇如綉又綴以白色民居，平和自然的田園風光，讓外地朝聖客來到這裡有如回到夢中家鄉。

九子山傳說

關於九華山的形成，有一段神奇的傳說。

遠古時代，九華山還是個一望無際的平原，平原上只住著一戶閔姓人家，老倆口和九個兒子，閔老漢領著九個身強體壯的兒子，每天辛勤耕作，使得荒原變成一片綠地。

然而有一天，他們正如往常般耕

作之際，突然狂風大作，飛沙走石，地面上冒出一股水柱，水柱中央出現一頭綠色的怪物，向閔老漢喝斥道：「這是我的寶地，限你們在午時三刻以前搬離此地。」閔老漢哪裡肯屈服，心想自己辛苦開墾

■九華山歷經宋、元、明、清而日益興盛，鼎盛時期，佛寺達三百餘座，僧眾四千餘人，香煙繚繞，經年不絕，故有「佛國仙城」之譽。

的地，怎能就此拱手讓人？就大聲回道：「此地是我開，此苗是我栽，怎麼說是你的寶地？」

水妖一聽，那容老漢分辯，不由分說，從口中噴出一串水柱，把閔老漢沖倒在地。老漢的九個兒子見狀立即一擁而上，與水妖鬥了起來，見九子各個神勇如虎，水妖不敢久戰，逃竄而去。自那以後，閔老漢一病不起，臨終前囑咐九個兒子，一定要把水妖擊退，保住辛苦開墾的良田美地。不久老漢就撒手人寰，九個兒子把老父埋葬以後，決心除去水妖，不但日日苦練本領，還設計如何擊敗水妖的方法。

一天水妖又來挑釁，要他們遷居他處，九兄弟一見水妖立於水柱上，立刻用巨石堵住九個出口，水妖見無退路一時慌亂，捲起大水，意圖把平原變成汪洋，九兄弟齊心協力，奮勇出擊，終於把水妖擊

■位於百歲宮的仰天臥佛大山，眉目口鼻鉅細靡遺。

斃，大水慢慢退卻，被巨石堵住的洞口竟奇蹟般的突起，變成九座山峰，這就是九子峰由來的傳說。

地藏菩薩開創九華山

九華山的隆興與金喬覺、李白和劉禹錫有關，但成為佛教名山則自唐開元年間始，新羅王子金喬覺是九華山佛教的實際開創者，地藏菩薩的傳說世代流傳下來，成為人們最津津樂道的佳話。

根據明朝嘉靖年間所編的《池州府志》和清朝編撰的《九華山志》記載，佛教真正進入九華山大約是在公元401年，也就是東晉隆安五年，有一位天竺來的僧人名叫杯度，到九華山建茅篷修行，一百年後，南朝梁武帝天監二年（公元503）又有僧人伏虎來到九華山，建伏虎庵為道場。約公元700年左右，有僧人檀號在九華山講經說法，但後來卻因「觸時豪所嫉，長吏不明，熒其居而廢之。」檀號被當地權貴強勢欺壓，庵蓬最後被燒毀，成為廢地。

唐代的中國佛教，正如日中天，東傳至日本、韓國，兩國有不少僧人渡海來中國求法，或學儒學、政治等。開元末年（公元719），新羅國王室貴族金喬覺出家為僧，渡海來到九華山苦修。

金喬覺出家之後名為地藏比丘，來到中國參學，最初隨處參訪，遊化數年，經過千辛萬苦，終於來到中國安徽省青陽縣的九華山，見深山中有盆地，發覺此山為適合修道之處，就在九華山東崖岩上苦行修道。若干年後，為地方士紳諸葛節遊山時，發現此一和尚，住在石洞茅蓬中，吃的是破鍋中滲有白土的殘粒，生活異常清苦。詢知是新羅王子，遠來中國求法，諸葛長者深感未盡地主之誼，於是發心提倡，為地藏比丘在檀號的舊地修建寺院，後來金喬覺在九華山帶領徒眾，坐禪誦經廣渡眾生，建中二年（公元781）郡守張巖施捨大量錢財，建成寺廟，而且還表奏朝廷，命此廟名為「化城寺」。

後來地藏王菩薩還曾向地主閔公

募地，以一襲袈裟蓋盡九華九十九座大小山峰。閔公欽佩地藏菩薩的修行，將整個九華山全部布施供養，並成爲金地藏的護法，其子也隨地藏比丘出家，法名道明。現在所見地藏菩薩像兩旁，有一老者及少年比丘，此即閔公父子。

寺院建成後，各方參學者甚眾，新羅國也有不少人來親近供養。九華山既高且深，寺眾增多，生活發生問題，只好以煮飯滲拌白土，但清苦的生活並未影響大家向道之心，寺中大眾只是一心爲求佛法，完全放棄了物質享受。後來金喬覺著手在寺院邊開墾土地，率徒過著苦行生活，被讚譽爲「南方枯槁眾」。

地藏比丘及僧眾在九華山的影響甚大，後來新羅國王得悉，即派人送糧食供養。金喬覺在化城寺廣納

善信，教導佛法，由於他慈悲爲懷，深爲信徒敬仰，至唐貞元十年（公元794）7月30日涅槃，世壽九十九歲，相傳當時山鳴谷隕，群鳥哀啼，地出火光，人們將他安放於一

九華山的肉身菩薩

無瑕和尚（明代）

大興和尚（1989）

座石函之中，三年後打開，發現肉身「顏亦如活時，搖動骨節，若撼金鎖」，於是建塔供奉。大家都直覺到地藏比丘實為地藏菩薩的化身，是地藏菩薩來中國的應化，此後九華山即成為地藏菩薩的道場，列為中國四大名山之一，日後，每年地藏菩薩的聖誕7月30日，九華山香火尤其鼎盛。

地藏比丘的弟子繼承金喬覺的修道風範，為九華山佛教開創了約一百四十年的興盛時期。勝瑜法師曾為構築台殿大顯身手；在安禪峰修行五十餘年的道濟禪師和在青陽城

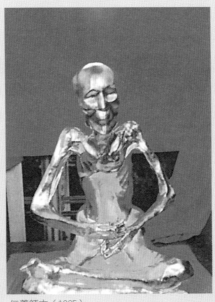

慈明和尚（1995）　　　　　　仁義師太（1995）　　　　　　明淨和尚（1999）

苦修的元際禪師，在中晚唐以後，陸續興建了九子寺、無相寺、妙峰寺、淨信寺、圓寂寺等，到了唐末共有二十二座寺院，九華山成為遠近學佛中心，吸引無數善信前來加入修行的行列。

肉身菩薩見證修行聖地

　　九華山除了地藏菩薩道場名聲聞名外，還有另一個值得深入探究的事蹟，就是肉身菩薩。也許是因為金地藏的肉身不壞所形成的特殊風

俗，九華山的出家法師圓寂後，都是以「坐缸」處理遺體。唐朝以來，九華山隱藏了許多成就的祖師大德，在1966年的文革之前，受到各寺供奉的肉身菩薩共有十四尊之多，但文革以後，僅存五尊可見的肉身菩薩，供後人參禮。

唐朝肉身成就的地藏菩薩目前供奉在月身寶塔下，但已不可親見，餘五個肉身菩薩，分別是公元1626明朝百歲宮的無瑕和尚、1989年的大興和尚肉身、1995年的慈明和尚肉身、1999年的仁義師太、1999年的明淨和尚。

為什麼會有這麼多肉身菩薩出現在九華山呢？未見肉身菩薩前，心中總繚繞著一種神秘感，但真正到了現場看到每一尊肉身菩薩，卻只有「感動」兩個字可以形容，彷彿肉身菩薩的慈悲與願力，源源不絕地流入朝聖者內心，不禁在每個肉身菩薩面前一拜再拜，發願希望今生也能如同菩薩修行成就，看到肉身菩薩後，似乎也得到很大的「充電」，對修行升起了極大的信心，原來真的有人是這麼走過來的，這麼真實地修行成就，示現在自己的面前！

在眾多的圓寂修行者之中，能成就肉身菩薩的屈指可數，肉身菩薩想要告訴我們什麼？成就者既然已經解脫生死，又為何徒留一個肉身給後人呢？九華山的氣候潮濕，為什麼肉身能夠保存三年六個月而不腐？這至今仍是個謎，也許只有親自走一趟聖地，才找得到答案吧！

建在天空的寺廟

「九華八百寺，灑在雲霧中」，九華山在中國四大名山中，以寺廟眾

多取勝，代代歷經興廢，到三〇年代，寺廟、茅蓬、經舍達一五〇餘處，目前尚存化城寺、九子寺、肉身寶殿、慧居寺等七十八座古剎，佛像一千五百餘尊，散佈於九華街、閔園和險峰峭壁上，點綴於群山之間，形成九華山獨特的人文景觀。

九華山分為前山和後山，分界點為月身寶殿，前山寺院沿著盤山公路到九華街，有在山腳下的二聖殿、甘露寺、無相寺、龍池庵、西竺庵、一宿庵等。九華街附近集中了各大主要寺廟，佛國仙城，晨鐘暮鼓、香煙繚繞，僧眾、居民和遊客往來如織，主要有祇園寺、旃檀林、化城寺、上禪堂、月身寶殿、十王殿、百歲宮、龍庵、通慧庵、回香閣等。

後山則是指閔園到天台，「雲封

■山上遍布寺廟九十六座，多依山勢而建，有三分之二的寺廟為黑瓦白牆的皖南民居風格，與當地民舍自然融合。

天際路、煙鎖梵宮樓」,閔園主要爲尼庵所在,隨著上天台的山路漸高,危崖絕壁之間寺廟建築也越奇險,觀音峰兀立於危岩之上、拜經台附於峭壁之前,還有地藏禪寺高踞天台正頂,爲朝山客必拜之地,有「不上天台、等於沒來」之說。而百歲宮、東崖禪寺則在東岩之巔--摩空嶺上,現在,不論到天台或是到百歲宮朝拜,都有纜車可供搭乘。

寺院結合民居建築風格

初到安徽時,就注意到這裡的民居非常特別,青一色的白色建築與深青色屋頂,連遠方山峰上的寺廟也是如此,

■「馬頭牆」,用途在於防火和擋風,此牆突出於屋簷前後,亦增加建築本身的美感,馬頭白牆、飛簷翹角蔚爲皖南建築一大特色。

每座寺廟都是飛簷翹角，導遊告訴我們，這是皖南徽派民居的特點：馬頭白牆青褐瓦、天井院落染迴廊；地板樓板隔牆板、正廳兩旁是廂房。

著名的徽派民居建築有一大特色，就是「馬頭牆」，用途在於防火和擋風，因為徽派建築本身結構繁複、密集，為防火災或風災而建防火牆，此牆突出於屋簷前後，亦增加建築本身的美感。往屋子裡一走，其中院落重重無盡，各種樓板、牆板、地板相互交織（徽派建築多為多層樓式），而因有太多院落，室內較為陰暗、採光不佳，每個院落都有天井，取天然的日光照明。但如此一來，如果遇到下雨天，雨水從天井流瀉而下，就容易淹大水了，不過居民常自圓其說，稱是肥水不落外人田嘛！

■精緻徽派木雕，亦運用於寺廟建築。

另一項建築特色在於木雕精細，寺廟建築也延續此一風格。柱頭、斗拱多雕有獅子、龍首或花鳥造型，連門窗、屏風也多有徽式木雕，內容有《三國演義》、《西遊記》，道家八仙等人物故事，饒富趣味，天台地藏禪寺的千佛殿內樑上還排排站滿了精雕小佛像，造型逼真。

九華山的寺廟也多採用皖南民居建築形式，只是廳堂供有佛像，門額標有寺名，較大寺廟由皖南廳堂式民居組合而成，九華山的民居多集中在九華街平坦之處，而寺廟大多依山取勢，靈活佈局，高低錯落，層次分明，如化城寺依山前後高低四進；祇園寺以方丈室居高處，往下至山門最低；百歲宮依山岩高低建置成一至五層的樓宇，上下左右通連，簡直就像一座西方中世紀的古城堡。寺廟與山石環境融成一體，有的盤踞峰頂、有的危立於懸崖、有的靜處於溪旁林間，徽派建築配上翠綠色的細竹林，如同走入中國山水畫中，隔絕塵囂，心境隨之明淨。

佛教文化氣息濃

千年以來，九華山文人輩出，更有不少詩僧。唐朝有詩僧神穎、應

物、冷然、齊已等諸位法師；宋代有清宿和尚主持九華詩社，詩僧希坦著有《九華詩社》。明末四大高僧之一的藕溢智旭在九華山寫成《梵網合注》。清末著名高僧月霞法師在翠峰寺創辦華嚴道場，講授《華嚴經》，信眾甚多。

九華山歷史悠久，遺存的文物眾多。除歷代名人書畫外，還有不少摩崖石刻，大多散佈在閔園到天台途中，石刻文字多出自佛語。此外還有歷朝各種寶印與經典，如梵文貝葉經二札、明版《藏經》兩部、明代血經《大方廣佛華嚴經》八十一卷、清版《藏經》三部；清代周贇繪有「九華十景」：天台曉日、化城晚鐘、東崖晏坐、天柱仙蹤、桃岩瀑布、蓮峰云海、平崗積雪、舒潭印月、九子泉聲、五溪山色，現保留在化城寺中，彌足珍貴。

「大聖道場同日月、千秋古刹護東西。」遊九華，身在凡界，似鄰仙境，九華山地勢高，一步一召喚，地藏菩薩的大願精神，感召著佛子走入蓮花佛國中，領受菩提道上無上的加持。

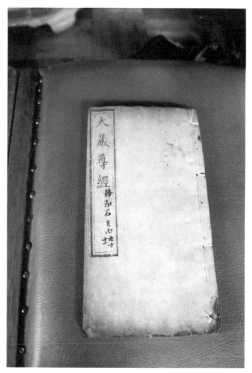

據《九華山志》記載，九華山初爲道教聖地。追溯其歷史，道家在此活動約始於西漢中葉。元封年間，中國早期的道教人物竇伯玉任陵陽縣令期間，以黃老清靜無爲之術治理縣政，同時他還接受了戰國以來「方仙道」的影響，熱衷於修煉「神仙術」，傳說仙人峰就是他最後騎白龍升天的所在地。不過，葛洪才是神仙道教最傑出的代表和集大成的理論家，他曾在九華山煉丹，現在真人峰下的葛仙洞，相傳就是當年煉丹的遺址。

佛教何時東來，歷來有多種說法，至今還未能下斷言，但有一點可以肯定，佛教最初傳入，應在西漢通西域之後。東漢永平十年（公元67），約在公元一世紀，明帝遣使去西域大月氏迎請沙門迦攝摩騰、竺法蘭二人，用白馬馱帶佛像、經論，並在洛陽城建造了中國第一座佛寺，這是中國佛教發展的開始。

九華山位在長江南岸，東漢時期，長江流域的經濟剛出現上升趨勢，三國時代東吳建國才有發展。西晉末年，北方戰爭頻仍，大量漢人由黃河流域南遷，使南方經濟有了顯著的提昇。南北朝時期，門閥士族大力提昇佛教，南齊的竟陵王蕭子良是虔誠的佛教徒，曾經下令封閉包括九華山在內數百里的山林水澤，嚴禁百姓墾荒、漁獵。梁武帝蕭衍在天監三年（公元504）宣佈佛教爲國教，僧尼人數劇增，大造佛寺，出現了「南朝四百八十四，多少樓台煙雨中」的情景，但當時的九華山還是一片原始山林，尚無佛寺出

現。

　千餘年來，九華山佛教歷經興衰，大體有四個時期：

　一、　唐中期初創

　二、　唐後期至五代衰微

　三、　宋元有所發展

　四、　明清達到鼎盛

隋唐：

　隋朝統一中國，結束了南北紛爭、封建割據的局面，隋文帝極力促使南北方佛教合流，到了唐朝佛教盛行，安徽境內才出現名僧、大寺，九華山的佛教歷史就是從唐朝開始的。

　公元713，新羅國的王子金喬覺渡海來華，居住在東崖峰的岩洞中，山下居民因感其苦修，共同籌劃興建一座禪舍，供養地藏菩薩。不到一年間，寺廟規模初具規模，

藏道場名播四方。

唐會昌年間（公元841—846），武宗李炎因爲信奉道教而下召滅佛，敕令各州縣拆廟毀佛，僧尼一律還俗，九華山亦難倖免於禍，當時九華山有大小寺院十三座，均被毀壞。時詩人杜牧擔任池州刺使，也是持強烈反佛的思想，忠實執行拆廟毀佛的政策，在他的一首詩中寫到：「石路尋僧去，此生應不逢。」可見他對僧眾不懷好感。唐武宗死後，宣宗李忱繼位，下召恢復佛教活動，但是佛教的元氣已經大傷。

他的大弟子勝瑜法師效法地藏，開墾荒地、種植穀物、蓄水灌田、勞動自給。唐建中二年（公元781）池州太守張岩奏請朝廷准許建造佛寺，於是九華山開山祖寺建成，稱爲「化城寺」。從此地

兩宋、元時期：

除先後修復唐代建造的佛寺庵院外，還新建了淨居寺、勝泉寺等六所，寺院增至廿五座。不僅香火日

益興旺，愛慕九華風光的文人雅士、達官顯宦也接踵而至。

元朝統治者信奉喇嘛教，忽必烈拜薩迦祖師八思巴為國師，對於漢傳的佛教則不聞不問，江南主要的宗派仍傳習唐宋舊說，沒有新創，到了元末因為戰亂，民不聊生，九華山僧多乏經濟來源，寺廟年久失修大都傾圮。

明：

明清兩代是九華山佛教的鼎盛時期。明朝朱元璋因為當過和尚，對於佛教尤其禮遇，頒聖旨要求人民應讓僧人結壇上座，講經說教，化度一方。明成祖更進一步，對於阻擋僧眾結壇說法的人予以懲罰，因此九華山的佛教得以迅速恢復並發展。明洪武二十四年（公元1391），朝廷賜金修建化城寺，宣德二年（公元1427）、萬曆十一年（公元 1583）、三十一年（公元1603）屢次賜金修建化城寺和肉身寶殿。萬曆十四年（公元1586）、二十七年（公元1599）還頒贈兩部《藏經》給化城寺，並賜予量遠和尚紫衣，優寵備至。因為朝廷的重視，使九華山遠近馳名，朝聖者越來越多。

此後化城寺漸成九華山主寺，祇園寺、東岩精舍、百歲宮發展成具有叢林規模的大寺，天臺寺、東崖寺、長生庵、摘星庵（即百歲宮）相繼建立，末代皇帝朱由檢還為無瑕和尚賜款興建萬年寺。王陽明兩居九華，累計起來，九華山的寺廟、精舍、茅蓬，總數已達百餘所。佛門更把「太白聯吟」、「陽明打坐」作為提高九華山知名度的佳話，使得九華山躍為「江表諸山之冠」。

清：

歷史教室

清康熙、乾隆數度遊江南，分別欽賜御筆匾額：「九華聖境」、「芬陀普教」。乾隆並屢派官員專程上山禮拜地藏菩薩，賜重金修繕「化城寺」，此時僧眾人數已達三、四千人，也形成了百歲宮、甘露寺、東崖寺、祇園寺四大叢林，流傳至今。

咸豐八年（公元1858）太平軍與清軍激戰於九華，許多佛寺毀於戰火。後來因為政局需要，光緒年間給甘露寺和百歲宮等三次賜予《龍藏》，佛寺、精舍修復很快。祇園寺、東崖寺、百歲宮等大叢林又恢復了「受戒法會」、「講經法會」、「水陸法會」等宗教活動。

民國：

民國以後，大總統黎元洪爲肉身殿、百歲宮題匾，並頒藏經給兩寺。民國13年，臨時政府執政段祺瑞爲祇園寺題匾，民國22年監察院長于右任爲祇園寺題「大雄寶殿」額，次年國民政府主席林森朝九華，26年軍事委員長蔣介石爲樂善禪寺題「宣揚佛典」額，由於統治者護教甚力，使得九華山發展極快，抗戰時期又因戰亂，九華山再度遭殃。

中共統治大陸以後，寺僧要學習黨的宗教政策並從事生產，文革十年又爲宗教帶來浩劫，古蹟遭到破壞、寺庵被強佔，僧尼不能從事正常的宗教活動，　直到

1979年九華山才恢復佛教活動，中央和地方政府逐漸重視文物的整理與維護。近年因爲海外佛教徒朝聖日盛，政府也配合規劃整修，列爲國家級風景區，受到保護。目前到九華山的大小寺廟，古老的寺廟建築約有八十餘座，但主要殿宇多爲新建或修復一新，要看到古寺還眞不容易呢！

002

章

化城晚鐘

白雲如驅羊　滿谷不可量
散作兜羅棉　中藏寶月光
山窗夜閑靜　時聞葉鳴廊
僧房杳清寐　佛爐篆餘香
王安石《宿化城寺》

| 002 章 化城晚鐘

一般到九華山，一是取道合肥、另一是取道黃山。朝聖團一行先到黃山後，隔天搭小車進入九華山。在黃山時，天氣很糟，一口氣爬了五個小時的前山，卻老是在雲霧中打轉，只見幾顆老松挺立於懸崖峭壁間，三公尺以後的景物就完全看不見了。聽導遊說，黃山已經連下幾個月的雨了，不禁擔心，九華山不會也是如此吧！我開始在心中默念地藏菩薩的聖號，希望明天出現個奇蹟，趕緊放晴吧！

也許是幾天以來的朝聖功課奏效（註：此次朝聖前行功課為三部《地藏經》與三部《水懺》），隔天一早，下黃山時，山下天氣真的撥雲見日了，感謝地藏王菩薩佛光普照，這下可鬆了口氣，搭上了車，開始放心地欣賞起沿途的翠綠竹林、田園、民居風光。近午時，車行漸漸進入九華山區，沿途的寺廟明顯地多了起來，眺望遠處群山，正想著這些山應該就是著名的九十九峰。

安徽的山水特色自成一格，在別的地方所見氣勢險峻的高山，在這裡則是沉穩中帶著靈秀氣質，山區植物多是搖曳生姿的細翠竹，兩相搭配，別具特色，生活在這裡的人應該都帶有一種秀外慧中的文人氣

質吧！

行車於盤山公路上，導遊小青告訴我們，著名的奧斯卡最佳外語片「臥虎藏龍」就是在這裡拍攝的，其中最為大家注目的是李慕白和小龍以輕功在竹林間高來低去的鬥劍畫面，還有小龍和秀蓮在鏢局天井中打鬥的場面，都是取材安徽當地自然靈秀的山林與徽派民居建築特色。

我一邊欣賞著每幢民居的馬頭牆和飛簷翹角，一邊聽小青說：「安徽是非常貧窮的地方，有句俗諺說：『前世不修，生在徽州，十三四歲，往外一丟』」我不禁說：「這句話好苦啊！」因為貧窮，小孩子在十三、十四歲就要自立，安徽沒有工作機會，許多年輕人就紛紛離鄉往大都市求發展。曾有母親跟小孩說，如果你在外賺了大錢回來，

■甘露寺牆上一隅

我呢承認你是我的兒子，如果賺不了錢，那麼就算是變成鬼了！我也不會認你這個兒子的。聽了這段驚心動魄的例證，難以想像這個母

親複雜又狠心的心情。

窮歸窮，安徽卻是中國文化氣息相當濃厚的地方，明朝宋徽宗因為喜歡這裡，將自己名字中的「徽」賜予此地，這也是安徽的徽字由來。安徽主產墨條、硯台，許多文人特別喜歡這裡。另外，精緻的木雕是顯示財力的重要象徵，古時富商事業有成後回到家鄉，就常以精細、華麗的木雕來裝飾自己的豪宅，越富麗堂皇的精雕木工就象徵家中越富有。

甘露寺

進入九華山區後，隨處可見的寺廟建築開始吸引我的注意力。這些寺廟外牆多為黃色，壁上寫著斗大的「南無大願地藏王菩薩」，名山自有的信仰特色逐漸展露。一個轉彎上坡，大大的「九華山佛學院」數顆斗大的字映入眼簾，這裡是甘露寺，北路朝山的必經之地，雖然已過中午，飢腸轆轆，還是決定下車，入內參訪。

依山建築的寺廟，入寺門後就開始爬台階，幾個佛學院的法師在側門邊話家常，雙手合十問聲阿彌陀佛後，隨即踏入大雄寶殿前的天井中。知客法師也在此時出現，我們說明是到九華山朝聖，法師親切地告訴我們有關甘露寺的種種。

這座位於化城峰腰的甘露寺，位

■靈鷲山朝聖團供養甘露寺常住法師環保碗筷，離去時，甘露寺的法師向諸佛菩薩感恩頂禮。

於盤山公路旁半山下的定心石旁。原名甘露庵，又稱甘露禪寺，與祇園寺、東崖寺、百歲宮同爲九華山四大叢林。清康熙六年（公元1667）玉琳國師朝禮九華山，途經這裡，忍不住稱讚：「此地山水環繞，若構蘭若，代有高僧」。當時住在九華山伏虎洞的洞安和尚聽到後立即離洞，得到青陽老田村吳爾俊等人資助，開始建寺。**開工之日，天氣乾燥，動工前夜，滿山松枝盡掛甘露，人稱奇蹟，因此這座寺廟就稱爲「甘露庵」。**亦取佛經上描述佛陀說法時有如「澍甘露之法語」，意爲聆聽法語如臨甘露，滌淨身心，得清涼自在。

而洞安禪師兩度登壇說戒後，仍舊回到伏虎洞修行；乾隆間住持優曇和尚弘開殿宇，開壇說戒，甘露寺從此成爲「叢林」。（註：叢林意爲大寺廟，有很多僧人居住其中，如同森林般積聚在一起，稱爲叢林，還可以辦傳戒活動。）後咸豐三年（公元1853）、同治三年（公元1864）先後遭兵燹。光緒二十年（公元1894）住持大航法師募修，入京請回《大藏經》一部，與化城寺和萬年禪寺的《藏經》互爲媲美。

接上世界的軌道

■心道法師於九華山佛學院開示

　　我在千禧年聯合國的世界宗教和平高峰會上，發表一篇祈禱文，現在以這篇祈禱文供養大眾。

　　爲了完成對生命意義的明白以及對生命價值的奉獻，我們發現宗教是人類心靈的源流，心意識的無常以及生命的無常，乃是世人共通的歷程。

　　爲了認清世間的眞相，我們的心靈空間必須成長。

　　我對眞理的了解，是無法用言語來敘說的，

　　只有用愛及眞誠的行動來實踐眞理，趨向永恆。

　　我願以至上的心，祈求全世界爲這份愛與和平的至高理想而獻身的人們，

　　勇於堅持並團結一致。

　　我願祈求全世界無依無靠、稚幼可憫的孤兒，

　　都能得到社會溫暖的照顧與國家的栽培。

　　我願祈求戰爭的不義，在全球具足人性的人權機構努力下和平化解，

　　人們得以免除殺戮的恐懼。

我願祈求因為貪婪愚昧而過度傷害大地的一切作為，能夠中止不再威脅地球的生機，創造人們共同的地球家，擁有美好的人文生態世界。

我願以智慧的梵音，成就人們心中所有的希望。

未來學的學者都肯定廿一世紀是一個資訊時代，交通發達打破疆界限制，人類的思想可以馳騁於虛擬的網路世界，也可以隨心所欲前往任何一個國度旅遊，不僅如此，基因科學將使人的生命無限延伸，長生不老不再是遙不可及的夢想。

在時代巨輪不斷前進的今天，全世界已然是一個「地球家」，人類是地球家的一份子，獨享科技發達的便捷果實，但是資訊過度膨脹、泛濫，人心變得善變與不可靠，世界在虛擬與實際中日趨模糊而不真實；倫理道德軌律瓦解，無法良性互動；我們以前不知道「風調雨順」是怎麼來的，現在我們知道風調雨順、四季分明，是因為地球南北極旋轉的關係，現在地球上空的臭氧層破了，地球上的礦脈也挖壞了，四季越來越不分明，導致天災人禍不斷。

今天的世界正在進行著劇烈的變化，地球生態惡化、人的價值觀也越來越物質化，這些不良作用，深深威脅了世界許多地方的精神生活，這是我們共同面臨的問題，而問題是全球性的。

運用科技與世界接軌

「世界唯心所造」，環境的問題來自於心靈，二千五百年前，釋迦牟尼佛在菩提樹下成道，證悟到每個眾生本自具足不生不滅的靈明覺性，只是尚未認知與開發。他

先教導人們認識世間既多變又無常，沒有一種現象是永恆不變的，因此必須去除對世間種種現象的貪戀與執著；接著，又教導人們看到世間種種苦的現象，明白造成苦的種種原因，以及去除苦的方法；同時，又從時間與空間的微妙關係，教導人們「空」與「有」的概念，了解物質與精神的變化與統一性，讓身心世界超越時空的界限而能跟宇宙契合；此外，佛更教導人們打破自我的侷限，從利益他人的生命，昇華到無我的境界，徹底了解宇宙人生的道理、圓滿服務眾生，直到成佛。佛陀自己說他是已覺悟的眾生，眾生是未覺悟的佛陀，所以說每個眾生都是未來佛！

　　二千五百年來，佛教一直是一個主張和平的宗教，在科技發達的今天，更是心靈文明的先驅，佛教的思想本質是慈悲與智慧，這個本質不僅可以適用在千古以前、可以

■靈鷲山心道法師：「佛教若能跟得上時代演進的腳步，佛法教育提昇為國際化，善加運用科技與傳播媒體，複製的愛與和平的種子，那麼佛教將會更優質，而能與世界接軌，銜接上時代的需求。」左為九華山全山方丈妙安法師。

適用在眼前,更可以適用到未來,而且除了我們自己有佛教的想法以外,還要記住共通的想法--愛與和平。因此,佛教若能跟得上時代演進的腳步,佛法教育提昇為國際化,善加運用科技與傳播媒體,複製的愛與和平的種子,那麼佛教將會更優質,而能與世界接軌,銜接上時代的需求。

復興那爛陀大學

佛教可以滿足這個時代的需求,也可以用科學的方法證明,所以我對佛教的前途相當樂觀。因此,佛教應該團結,從發菩提心到三乘佛法的修行,目的都是一樣的,不需區分派別,我們的勇氣跟使命就是接引眾生學佛,因為佛教是和平的宗教,如果佛教能夠興隆,世界和平才真正有希望。

佛法的因果就是一個基因記憶體、DNA的觀念,因果循環就像如同電腦的IC板,每生都在替換,佛教講良性的循環,種什麼因得什麼果,所以基因要做對,基因做不對,我們下一次的生命就很難快樂起來,常常我們覺得佛法那麼廣、那麼深,似乎很難懂,其實如果不懂得改變我們的心理跟行為,那麼未來的生命不可能美好,我們時時刻刻在創造生命,要創造一個覺悟的生命、解脫的生命、豐收的生命,就是靠這個記憶體、這個基因。

將佛法的愛心與智慧救濟關懷全世界,與社會地方結合,以佛法繁榮地方,提倡倫理道德,讓地方、社會安定,使每一個人的心靈得到依靠跟安定,大家今天非常幸福,能夠讀佛學院,把自己提升成為佛門龍象,希望為佛法做承先啓後的工作,根本的作法是從認識因果、懺悔我們的業障、創造好的記憶體做起,除了自利以

外，最重要的還要發菩提心、行菩薩道，像彌勒菩薩最喜好交朋友，為的就是行菩薩道、做利他的工作，遠程的，就是成佛。

現在的世界是一個多元化的時代，我以十年帶領信徒籌建一座世界宗教博物館，把多元化的宗教告訴大家，不要有先入為主的觀念，相互交流與學習，避免引起誤會與宗教戰爭，博物館是「普門示現」，也是一個「華嚴世界」的一種呈現。

今天，我們所有法師們，同樣是為了一件事情，就是—感恩佛陀。如果沒有佛陀，我們不會得到這份解脫心、這份慈悲的願，為了感恩我們得到的一切，尤其在這個時代，我們必須要給世界什麼？我們必須要努力什麼？所以，我接著發願希望重建「那爛陀大學」，培養宗教人才，承先啟後，把這份心得分享給眾生，讓後代子孫永遠有學佛的機會，這就是我想跟大家分享的心得。

2002.5.20於九華山佛學院開示

■法師正在解說1944年甘露寺住持辮子和尚的故事。

肉身菩薩與辮子和尚

知客法師告訴我們寺內曾供有一尊肉身菩薩，那是在光緒末年（公元1705）都監常恩法師，先在大寮燒三年飯，後來管理菜園、照看山林，默默修行，從不浪費一點糧食，別人吃剩的飯菜，他收起來吃掉，也不讓人傷害小生命；看到有人偷盜寺中物，不僅勸說，還向對方磕頭，磕到對方實在

■文革前，常恩法師的肉身即供奉在知客堂內。

不好意思為止。一個看似普通的和尚，九十一歲時自以香湯沐浴，更衣禮佛，辭行僧眾，端座蒲團，安詳而逝，三年後肉身不腐，人們將他裝金龕供於現在的知客堂殿中，卻毀於「文化大革命」。

後來甘露寺又有另外一個苦行者，一九四四年住持「辮子和尚」--寬裕法師。在寺中閉關三年六個月，閉關時蓄長髮結辮盤，一直拖到臀下，每每以髮盤做坐墊跏趺其上，坐禪誦經，被稱為辮子和尚。

在知客法師帶領下，我們到每個院落中四處走走看看，甘露寺坐北朝南，建築格局是由三組民居與宮殿式--大雄寶殿組合而成，為不規則佈局，是典型的徽派建築與寺院結合，房子內有多層次的分隔院落和依山而建的高低空間，除了產生了明暗效果外，往往走到另一扇門外，又發現另一個截然不同的殿堂，意外驚喜的感覺倒滿足了喜歡四處探險的我。

寺內有三個天井、上百個外窗，上課教室位於大殿東邊二樓上，這幢建築是非常老舊的木造結構，兩層走馬通樓，樓層上下分別為祖師殿、方丈室、上課教室、寮房、大悲殿等，室內採光不佳，非常昏暗。走在二樓的樓板上，每一步都伴隨著吱吱呀呀的聲音，生怕一不小心，就要踩破地板了，從二樓樓

■寺中的天井是室內採光來源，天井下的院落為學生的活動場地。

■正在接受靈鷲山朝聖團供養的法師們，一心誦持佛號，一一上前接受供養。

中樓走廊窗戶往下望，中央天井是僧眾活動區，有一張乒乓球桌放在一角，給僧眾課後活動用。

九華山佛學院

　　早在光緒22年（公元1896），華嚴學者月霞（公元1858--1917）偕楚僧普照等來到九華山，1898年在翠峰寺創建「華嚴道場」（又稱華嚴大學），「講華嚴、造大經」。學制三年，當年有學僧三十二人。其中還有成為近代名僧的虛雲和心堅等人。「華嚴道場」開創中國僧伽教育史上佛學院先例，得到高度讚揚。

　　繼民國八年（公元1919）初，東崖禪寺容虛大師創辦「江南九華佛學院」後，臨濟宗第四十四代傳人，九華山佛教協會會長仁德和尚於公元1985年開始籌辦「九華山僧

伽培訓班」，1990年在甘露寺正式創立「九華山佛學院」，屬地方上的中級佛學院，是培養僧才的搖籃，實施「學院寺院化、寺院學院化」的特色，傳授經、律、論三藏。僧才來自全國各地寺廟，二年課程結業後，通過考試者，派往全國各寺廟擔任住持、重要執事，或留在山上或回原籍寺院服務，目前已培育了

258位僧才。

離開甘露寺時，學僧已陸續準備上課去了，手中拿著知客法師贈送寺內著名的「甘露」雜誌，每一篇文章都是佛教新血的精心之作。在這麼老舊、灰暗的寺廟中，似乎看到年輕的生命力正在努力冒芽，傳統與現代、年老與年輕，正努力銜接著一個完美的平衡與結合。

二聖殿

二聖殿，古名二神殿，坐落在九華山北麓。殿不大，是一幢江南明代民宅式的建築，殿門前臨上山古道，龍潭溪從東南而來，繞寺而過，環境幽雅。過去一些善男信女到九華山朝拜，二聖殿是上九華山朝拜的起點。

殿裡供奉的二聖，頭戴烏紗，身穿朝服，腰束玉帶，足蹬粉底朝靴。身高七尺，面龐豐潤，黑色的三絡鬍鬚齊胸，明亮的兩隻眼睛炯炯有神。兩尊金色塑像幾乎一模一樣，像是孿生兄弟。

據《青陽縣志》載，金喬覺來華後第九年，有兩個稱為昭佑、昭普的新羅朝臣專門來華請金喬覺回國，相傳他們是金喬覺的兩個舅舅。金喬覺謝絕了他們，而他們被金喬覺一心修道的毅力所感動，也決定「築室居此修煉」，這就是在甘露寺附近的二聖殿。

大乘佛教徒都遵守「不殺生、不偷盜、不邪淫、不妄語、不飲酒」的五條戒律，但這兩位皇族的舅大爺吃慣了油膩肥鮮，食杯嗜酒，既想修行，又缺少禁酒忌葷的決心，金地藏雖屢次勸導，仍是積習難改。最後不得以只好請他們下山去，後人為了紀念兩個舅舅的九華山之行，在山腳下為他倆立廟祭祀，廟中供食祭品葷素不拘。過去，在皖南一些地方流傳著一種「二聖會」，即是為了祭祀金地藏的兩個舅舅，供席的有葷、有酒，而參加者同樣焚香禮拜，與佛教徒的「盂蘭盆會」、「觀音會」等迥然不同。

九華街

爲了必須先趕到今晚下榻的旅館--九華山莊，車子經過九華山牌樓後直接順著九華街走，這是佛國仙城最繁榮的地點所在，街道兩旁不是寺廟就是商店，日用民生物資全仰賴這條街，兩旁多是二層樓的建築，櫛比鱗次，路上往來的行人熙來攘往，其中僧眾隨處可見。天下名山僧佔多，九華山也是一樣，三布一寺五步一廟，僧人的生活已經與當地居民融爲一氣。

九華山「以天台爲首，化城爲腹，五溪爲足。」九華鎮就座落在海拔六四〇公尺的化城腹地內，舊誌記載：「九華九十九峰，獨此處得山頂平地，有溪有田，四山環繞如城。」唐至德初，諸葛節捐款爲

■九華街如一串古樸的念珠，串起九華山的大小名剎，將飯店、寺院、民居、商店緊密地結合在一起，使得佛國仙城的宗教氣氛更加濃厚。

金喬覺興建禪寺，創建了開山祖寺--化城寺，為這片寧靜的山林開啓了宗教信仰的神聖生命。

如同一串古樸的念珠，九華街串起了祇園禪寺、旃檀林、上禪堂、月身寶殿等大小名刹，將飯店、寺院、民居、商店緊密地結合在一起，使得佛國仙城的宗教氣氛更加濃厚。

□

午後，飯店安排了一個地陪，她名叫袁海珍，因為這裡習慣在姓前加一個「小」，所以她要我們叫她小袁就行了。對小袁的第一印象是在櫃臺處理事情時，只見她一頭長髮在後腦杓編成了一根麻花辮直垂到臀下，令人印象深刻。在外吃完午餐後，才知道原來她就是帶我們的地陪。小袁年僅十八歲，圓圓的臉蛋，典型安徽姑娘的長相，她告訴我們說她家就住在九華山山腳下，一年才回家一次，在飯店工作剛滿一年。

小袁開宗明義介紹了起來：「我們這邊稱為大九華，是真正地藏菩薩修練得道的地方。晉代以前是土生土長的道教。九華山原本是道教興盛的地方，一直到晉隆安五年（公元401年），有一個古印度僧人杯度到九華山建庵，才成了佛教聖地。一直到唐朝，九華山的佛教開始聲名漸著，因為地藏菩薩來到這裡遙望九華山，被九華山的山水吸引住了，成為他苦修的地方。如果從山腳下青陽縣到九華山，步行上山共有三十二公里。」果然是一個頭腦清晰的女孩，溫和又不失活潑，非常熱衷於自己的工作。

因為有些拍攝工作要進行，為了節省時間，小袁帶我們走「近路」，

■九華街路旁的民
居生活，法師、村
民以井水洗衣、洗
菜。

也就是鑽小巷子走。三兩步就從九華街拐到了開山祖寺--化城寺。不遠處的高山上點綴著白色寺廟，這時才有真實感受，終於來到地藏菩薩的聖地—九華山了。

　巷子裡可以看到真實的民居生活，只覺得好像時光倒流，回到二十年前的台灣鄉間，有許多人在街道上的井水旁，就地用木板拍打洗衣服或洗菜，座座小三合院中，彼此間有小巷弄互通，或巷道裡對門就是鄰居，小孩邊跑邊嬉鬧，滿口安徽腔的國語，頗為可愛。

■化城寺是九華山開山祖寺,現已成為九華山歷史文物館,內藏珍貴文物。

化城寺

王陽明寫過一首〈宿化城寺〉:

雲裡軒窗半上鈎,望中千里見江流;

高山日出三更曉,幽谷多風六月秋。

仙骨自懷何日化,塵緣翻覺自生浮;

夜深忽起蓬萊興,飛上青天十二樓。

大家沿著九華街拐到化城寺,寺前是一方用石板舖成的廣場,每年七月三十地藏菩薩聖誕在此廣場都會舉辦法會。廣場階下有一放生池,稱偃月池,呈半圓形狀,因為對面有一山呈虎形,池以半圓形做弓狀,有射虎之姿,以避邪。

化城歷史

化城寺是九華山的開山祖寺現已成爲九華歷史文物館。晉時天竺僧人杯度在此結茅爲庵；唐至德年中（公元756-757）地藏菩薩在東崖峰東崖頂上苦修多年，被山下和朋友一起登山的鄉紳諸葛節發現，石洞中端坐著一個老僧，座旁有一只斷了足的鼎，鼎中有用白土摻和大米煮成的殘飯，老僧還在入定中。幾位登山客見此洞僧如此清苦修行，甚受感動，決定出資買下一塊開元初年，一位名爲檀號的僧人在此說法的舊廟地基，蓋一座寺院請「洞僧」--金喬覺來住持，「近山之人，聞者四集，伐木築室，煥乎禪居」。

化城寺名源自《法華經》中「化一城廓」的典故，釋迦佛說法時的譬喻故事：有一群人在取寶途中，因爲過於勞累生懈退之心，領隊者變化一城廓讓眾人暫得休息，譬喻小乘人求取生死涅槃果位如同化城，勉勵修行者應繼續圖精進廣度眾生，才能到達成佛究竟安樂之處。

唐建中二年（公元781），池州郡守張巖奏請朝廷擴大修建，由朝廷正式賜名「化城寺」，從此成爲九華山開山第一道場。其後興廢不一，明朝高僧福慶於宣德十年（公元1435）重建、正統六年（公元1441）

■入山門兩側的天王護法菩薩

■堰月池為放生池

■娘娘塔埋藏著流傳千古的傳說

道泰禪師住持此地，二者繼金喬覺後，再度振興九華佛教。在《化城寺僧寮圖記》載佛教全勝時期，化城寺盛況：「天下佛寺之盛，千僧極矣，九華化城寺當承平時寺僧三四千人。不能容則分東西二序；又不能容，各分十餘寮至六七十寮之多。於是各立門戶，有庵堂林里樓閣諸名，皆化城寺所析居者也」。明萬曆十四年（公元1586）化城寺曾獲頒賜《藏經》，「續入藏經四十一函，併舊刻藏經六百二十七函。」廿七年又賜《佛大藏經》。

宋高宗紹興年間的名僧大慧宗杲禪師曾經遊歷九華山，留下《遊九華山題天臺高處》詩，並在化城寺傳揚臨濟禪法，使得臨濟宗在九華山一時之間成為大宗，他圓寂之後，山僧徒眾尊他為「定光佛」。

康熙四十四年〈公元1705〉，聖祖

南巡回鑾江寧時，御書「九華聖境」四字贈與化城寺製額恭藏；乾隆三十一年〈公元1766〉，高宗南狩賜「芬陀普教」額。清咸豐七年，寺廟多毀於大火，僅存藏經樓，現在的廟是清光緒年間（公元1877-1880）重建的。

偃月池、娘娘塔、明眼泉

走在放生池邊，看見了九華三寶之一的「娃娃魚」。小袁說這些娃娃魚是店家設在此地，供遊客買後放生於偃月池中的。宋《太平御覽》記載：「偃月池，池有魚，長半尋，頭大，尾紅，腹鬣皆赤色。聞聽木魚聲即躍出水面，灑食物於水上，食訖仍潛池底。」只不過這些長腳的娃娃魚都太小了，聽不到如嬰兒般的啼哭聲。

廣場一端有一座娘娘塔的舊遺跡，旁有一井。來歷有二說，一說是金喬覺的妻子萬里尋夫來到九華山，見金喬覺已經出家當了和尚，便痛苦萬分地投井自盡了，於是金喬覺在井上建娘娘塔，為她修福。另一說則是金喬覺到九華山後，母親因為思念兒子，渡海來九華山尋子後，地藏菩薩正在做法會，不能與家人見面，他的母親很傷心，哭了三天三夜，把自己的一雙眼睛給哭瞎了，後來法會結束後，地藏菩薩就用寺前的一口井水為母親洗眼睛，母親得以重見光明，所以這口泉水稱為「明眼泉」，旁並建了一座七層寶塔--娘娘塔，取意為救人一命勝造七級浮屠。此塔於宋朝毀於乞丐自相殘殺，明、清時重建，但文革時候又被毀掉了。

現在我們只能見到一石砌平台，刻有「娘娘塔」三字，塔雖已經傾

歷 史 文 物

頹，但塔基和井都還在，只是井也已經被封住了。

寺廟建築

寺前階下有一對石獅，傳說是唐宋時代的古物，由於年代久遠，實施細部原貌已難辨識。從石獅旁上台階進入化城寺山門，石柱上兩幅對聯：

華崿峰前香雲飄邈，
化城寺裏花雨繽紛。

■門前一對石獅傳為唐宋古物

■大雄寶殿後方為觀音菩薩的巨型懸塑

■藏經樓中，法師正在誦經。

大聖道場同日月，
千秋古剎護東西。

雖然木雕門牆、樑柱都已斑剝，但仍是香煙裊繞，香客眾多，遙想金喬覺在此住持教化，最後使得九華山成為名山，他的行誼正是地藏菩薩的示現，心中不覺起了一分恭敬。

第二進闢為九華風光館，內懸有「九華十景圖」和九華山的山水圖畫。

第三進為大雄寶殿，主要的佛事活動都在此舉行，殿梁上原來懸掛有明崇禎和清康熙、乾隆的題匾，文革時被焚毀。梁柱雕刻細緻，天花藻井刻有九龍盤珠，九條纏繞交錯的遊龍，首尾相顧，生動多姿，頭尾伸向正中的一顆明珠，這是古代藝術家留下的傑作。殿內的楹聯是：

願將佛手雙垂下

摸得人心一樣平

簡明的文字，通俗易懂，說明佛法可撫平世間多苦難。目前大殿已經闢爲「九華山歷史文物館」，殿內有一幅地藏菩薩畫像，兩側壁上繪有十殿閻王組畫，殿中陳列著珍貴的歷史文物，名家畫作六百餘件。

第四進爲明代建築「藏經樓」，東西兩壁上，嵌有十四方碑刻：明刻碑記三方、清康熙等年間刻碑十一方。其中有《地藏聖跡碑》、佈施寺院的《香燈碑》、《祭田碑》、《捐輸碑記》和《地藏龍印碑記》，還有幾面《嚴禁弊害碑》，碑刻於明末清初，時至九華山佛教興盛之際，受到皇帝御筆賜匾、皇太后賜經、賜金，可說是「恩遇優渥」。但碑上所記載卻是僧人在封建社會中受到宗教歧視、迫害的歷史見證：「縣衙

■門前一對石獅傳為唐宋古物

■藏經樓」，東西兩壁上，嵌有各種碑刻：如《捐輸碑記》。

歷史文物

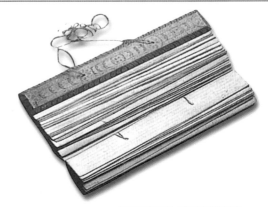

強迫僧人冬日獻鮮筍，春天送新茶；宵小之徒進寺內偷盜搶劫，敲詐勒索；劣紳、惡棍強行在寺內聚賭鬧事，魚肉山僧等等」。

藏經樓與前三殿建於明代，高二層、寬五間，但清咸豐年間遭兵

■金喬覺的鞋帽、法器民初製

燹，僅存藏經樓安然無恙。戰後前三殿依原貌重建，只剩大雄寶殿正脊頂的彩磁葫蘆、兩端彩磁魚龍正吻、正脊的水磨鏤空青黃色磚爲明代遺物，藏經樓是全山珍貴文物的薈萃之處。有明版的《藏經》、萬曆皇帝頒賜《藏經》的聖諭，有康熙皇帝、乾隆皇帝賜予匾額的大字原件手跡和明無瑕和尚以二十八年用自己的鮮血書成的《華嚴經》。不過這些我們都無法親見原件，因爲都太珍貴了，不輕易對外開放，現在只能見到放在玻璃櫃中的照片（實在有點沮喪）。

爲了轉移注意力，小袁拉著大家開始解說起掛在牆上的眾多看板和壁畫，她條條有理地說明九華山六位肉身菩薩的生前事蹟與修行故事，再把金地藏的一生也言簡意賅地述說了一遍，然後帶著大家一一看了玻璃櫃中的歷代文物。因爲錄影機對著她拍攝，許多入寺的香客也一起駐足聆聽，拍攝工作一次OK，眾人對她讚譽有加。

■聖獸「諦聽」

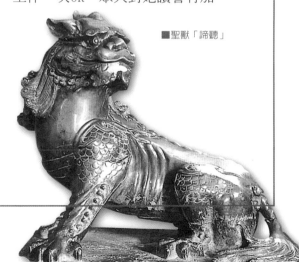

■華嚴「血經」

化城晚鐘

　　紅日西沉，白雲歸岫，蒲牢一擊，鯨鏗徐發，四山響應。

　　化城寺除了寺廟本身具有歷史意義之外，「化城晚鐘」也被歸為九華十景之一。

　　清周贇也有一首〈化城晚鐘〉：

　　西嶺夕陽紅艷，
　　東岩暮靄翠濃。
　　化城蒲牢一杵，
　　聲滿九十九峰。

　　化城寺原有一口重逾萬斤的大鐘，相傳唐代就已名噪九州，可惜在一次戰火中被摧毀，光緒十七年重鑄了一口重二千斤的鐘，懸掛在主剎大殿東側。雖然九華山各個寺廟都有一口大鐘，但化城寺是開山主剎，黃昏之際，鐘聲一響，其他百寺之鐘紛紛相應和鳴，迴蕩在群山之間，真的是聞鐘聲煩惱清，而滿山寺院的僧眾隨著鐘聲作晚課，誦經聲伴和著鐘聲，成為九華十景之一。

通慧禪林

因為對肉身菩薩很好奇，下一站是到供奉仁義師太肉身的通慧禪林。大多數的寺廟庵院都集聚在九華街上，我們步行前往，七彎八拐，走幾條巷弄就到了通慧禪林。一進大門看到大殿正在整修，一口用來裝肉身的大缸就放在進門的牆角。

坐缸為九華山僧人往生後處理遺體的習俗，寺廟裡面大多備有幾口缸，第一次看見這樣的坐缸就放在牆角，似乎天經地義，反而我們這些外來客卻懷有神秘的想像。半個人以上的高度，橄欖造型，上有一突出的覆碗小口，據說底部也如花盆，留有一個小孔。我正想著人如何在往生後被放入缸中保存，又為何在潮濕的天氣中不腐敗？小袁在

■仁義師太坐化用的瓦缸

■仁義師太的
堅毅與慈悲,
一如金身般為
後人傳頌

廢。文革後發心重建的是一位東北比丘尼,後來修成肉身菩薩的仁義師太,她是九華山唯一的女性肉身成就者。

因為大殿正在整修,在一旁的大悲殿中,禮完觀世音菩薩後,寺裡的老尼師告訴我仁義師太的肉身就

一旁解說,會成為肉身菩薩,都是在生前有遺言交代,或是經老百姓提議才坐缸保存,否則遺體一般都是坐缸火化。

□

通慧禪林原名通慧庵,建於明末。由北京城來的一個進士,後出家的誦林和尚所建,清康熙年間屬於化城寺東序寮房,光緒七年是重建後擴大為叢林規模,民國時成為九華山十二大寺院之一,幾經興

■目前仁義師太的肉身供奉在大悲殿中

安放在佛像之後。我繞到後面去
看，牆角的玻璃罩內端坐著一副瘦
弱的身軀，走到面前，仁義師太的
堅毅精神直接與我相對，那股慈悲
力一點也不受玻璃罩的框限，直接
傳達到我的內心，在一個這麼稀鬆
平常的角落，仁義師太仍然繼續以
她不壞的肉身，啓發著芸芸眾生。
我非常感動地上前頂禮，心中只有
一個念頭，希望今生也能如老師
太，修行成就，廣度有情。阿哲開
始拍攝，小袁認眞地講述起仁義師
太一生的修行事蹟。剛剛的老尼師
靜靜地走到我身旁，將一張仁義師
太放大照片塞到我手中，又默默走
開了。

■在院外採訪到一個居士，他告訴我：
「老師太剛出缸時，我們家有一個人生了
醫不好的病，我就燒個香跟老師太祈求，
希望老師太保佑能讓家裡老伴的病好起
來。後來老伴的病真的好了，就按照老師
太坐化前的形貌塑了一個像送過來。」

肉身菩薩傳奇

仁義比丘尼
〔公元1911—1995〕

女性肉身成就者

仁義師太，俗名姜素敏，東北瀋陽人，1911年生於吉林省通化縣一個富裕的家庭，幼小信佛，持咒誦經，從不間斷。17、18歲潛心學醫，主攻針灸。老師太年輕出嫁時，穿著很普通的衣服，嫁過去之後，就對她丈夫說，我嫁給你可以，但是我不會給你生兒育女的，她的丈夫過沒多久就去世了，婆婆認為她會剋夫，對她特別冷淡。1940年秋，姜素敏赴山西五台山，在顯通寺落髮出家，法號仁義。出家後，潛心問道學佛。1942年，考上了瀋陽醫專，學了四年中醫。

1950年朝鮮戰爭，仁義毅然參加中國志願軍，1951年隨軍赴朝鮮，隨軍當衛生員，搶救醫治了無數傷殘志願軍。

1953年回吉林通化206醫院工作。

1954年在瀋陽南大連聯營中醫院針灸科當醫生。

1963年下放二邊江鄉三邊江村。

1976年仁義回吉林通化自辦診所。

在六○、七○年代，宗教政策並不寬鬆，仁義以特有的修持方式，不圖名利，不計得失，行醫看病，廣行善事，順逆境中自淨其意。

1982年再度上五台山，在塔院寺受具足戒，同年重修南山寺。

1983年朝禮九華，見九華清靜秀麗，一派佛國仙城景象，決定在此常住。

仁義師太帶著一分一分聚沙成塔而來的十二萬元，這些錢都是她採草藥、做藥丸、扎針灸、行醫看

病、當志願軍的津貼、醫院裡工作的工資、下放農村勞動的工分款及賣掉自己的全部家產積攢起來的。先後住過甘露寺、菩提閣等廟，最後拜仁德大和尚為師，發心重修通慧禪林。

為了修建通慧禪林，仁義師太四處奔走張羅，不辭勞苦，從籌備建材、物色工匠到辦理建築、施工各項手續，以致於親自監督工程，都自己來。大工開即，每每早起晚睡，或巡視樓頭房角留心一磚一瓦，氣喘呼呼，步履蹣跚，夜不寐達八個月之久。任憑身體屢弱，但仍不忘救濟病苦，堅持為廣大患病者切脈扎針，那幾十年練就的針灸技術嫻熟得令人驚訝，有時一天要接診十幾位病人，至誠奉獻感動無數人。

通慧禪林修好以後，不顧年高體弱，又外出行醫、誦經弘法。赴邯鄲、奔石家莊、走澤源、上五台，一路行善，一路修廟，一路與眾生結緣。1995年4月仁義師太從五台山返回九華山通慧禪林，同年農曆10月初7圓寂，享年八十五歲。

1999年1月2日（農曆1998年11月15日），住持比丘尼思尚法師和修賢法師小心翼翼地打開仁義師太的坐缸，見圓寂已三年又兩個月的師父，依然端坐如昔，黑白相間的頭髮長出寸餘，牙齒完好，皮膚毛孔清晰，更令人驚奇的是，老師太的女性特徵已了無痕跡。當初入缸時，平放在腿上十隻相向的手指已有變化，右手稍有提高且拇指與食指相抵，作捻針狀，這是平日為人醫病的姿勢，眾人稱奇。平凡中透露著不平凡的作為，仁義師太的修行事蹟久久為人傳誦，無論是入世行醫，還是出世求法，都是修行人發菩提心、行菩薩道的最佳典範，仁義師太開創了比丘尼修成肉身的先河。

■心道師父在經過上禪堂時也入內禮佛三拜,殿堂雖小,師父禮佛後的三句話卻如鐘磬聲直直撞入我的腦海,久久無法忘懷。師父說:「願眾生願成佛,現在辛苦的是,眾生不願成佛!」

上禪堂

今天的最後一站是地藏菩薩的月身寶殿，因此從現在開始步行上神光嶺，沿著石板路和階梯往上走，沿途經過幾處小庵蓬，來到上禪堂。

上禪堂坐落在神光嶺半山腰，在月身寶殿的下方，原名景德堂，始建於明代，清康熙六年玉琳國師的弟子宗衍和尚重建，後毀建多次，而改用今名。在化城寺東面的東崖西麓有下禪堂與其對稱，清代周贇編撰《九華山志》時，為搜羅舊志資料，各山寺皆秘而不宣，獨獨上禪堂清鏞和尚慨然付予，周贇感激曾在此寫下不少詩文。其中《詠上禪堂》詩曰：

禪室玲瓏構巧思，九華一曲擅幽奇；

軒環水石屏三面，窗展雲山畫四時。

錢樹落花仙買酒，金沙涵月佛吟詩；

此間好借維摩榻，染筆揮琴事事宜。

門前平台如小院，進入山門是彌勒殿，大雄寶殿內挑高寬敞，中間供奉本師釋迦牟尼文佛，右觀音左地藏，左右分坐十八羅漢，足見原來的殿宇應非常雄偉與富麗堂皇。古人遊上禪，稱其有三最：「九華香火甲天下，唯上禪堂最貧，風景唯上禪堂最佳，院宇唯上禪堂最麗」深得文人喜愛。

金沙泉

殿外是著名的「金沙泉」。只見一

灘小小的池子，池上岩壁寫著「金沙泉」三字，傳說是唐代詩仙李白的洗硯處，金沙泉三字為李白所寫，字體肥厚，筆力蒼勁。泉邊有

■金沙泉傳為李白手書，字體肥厚，筆力蒼勁。

一金錢樹，為九華山三寶之一，傳為李白酤酒錢所化而成。

相傳李白從秋浦來到九子山，見神光嶺路旁有間茅草屋，棚前有位老茶農，兩人坐下閒聊，茶農泡茶招呼李白，為了配好茶，茶農特地到半嶺去挖泉，結果挖出了一條清泉，兩人就著茶香越喝越起勁，越聊越有味。第二天老茶農去端水時，發現水底金晃晃的，抓起一把沙子一看原來是金沙，李白接手一看說道：「金沙？金沙泉！」

李白下山後過了三年，第三度上九華山，可惜老茶農已經辭世，就葬在金沙泉邊。李白傷心地向墳頭拜了拜，當晚寫了一首《宿無相寺》：

頭陀懸萬仞，遠眺望華峰；
聊借金沙水，洗開九芙蓉。

煙嵐隨遍覽，踏屐走雙龍；

明日登高去，山僧誰與從。

禪床今暫歇，枕月臥齊松；

更盡聞鳥呼，恍來報曉鐘。

第二天又到老茶農的墳頭上寫上「金沙泉」三字。

另，李白在九華山上遊覽時，頗羨此地神似仙境，還有一首《秀華亭》詩：

遙望九華峰，誠然是九華；

蒼顏耐風雪，奇態燦雲霞。

曜日凝成錦，凌霄增壁崖；

何當餘蔭照，天造洞仙家。

金錢樹

上禪堂還有九華三寶之一的「金錢樹」，就是在金沙泉邊。相傳李白扶杖酤酒，杖頭上掛著酒錢，山上沒有酒肆，於是用泉水就地釀酒，把手杖植於金沙泉邊，不料日久之後，手杖竟變成一棵金錢樹。

■這棵金錢樹是株少見的連理株，傳說此樹象徵為李白與老農間的情誼，傳為李白酤酒錢所化而成。

這棵金錢樹的奇特處在於他是一棵連理株，有人附會說金錢樹是李白和老茶農的情誼象徵。如今金沙泉仍是流水潺潺，金錢樹仍兀自佇

立，泉旁建了一個亭子，供著一尊滴水觀音，柱上一聯寫道：「湧亭金沙呈妙相，藏影雲海顯神通」。

王陽明曾經寫過一首《金沙泉》：

黃金不布地，傾汁瀉流泉；

潭淨常鏡開，池明或鑄蓮。

興雲為大雨，濟世作豐年；

縱有貪夫過，清風自肅然。

形容金沙泉的清淨廉潔，連貪夫也肅然起敬。

大眾在金沙泉邊懷古，遙想李白當年尋找老茶農的惆悵，這泓池子並不大，李白留下的「金沙泉」三個字孤獨地留在石壁上，同參道友對著觀音亭拜了三拜，回首望著高聳入天的金錢樹，作別了這一段李白和九華山的歷史因緣。

行經上禪堂時，在淨土庵旁看到憨山大師膾炙人口的《醒世歌》，其詩曰：

紅塵白浪兩茫茫，忍辱柔和是妙方；

到處隨緣延歲月，終身安分渡時光。

休將自己心田昧，莫把他人過失揚；

謹慎應酬無懊惱，耐煩做事好商量。

從來強弩弦先斷，每見鋼刀口易傷；

惹禍只因閒口舌，招愆多為狠心腸。

是非不必爭人我，彼此何須論短長；

世事由來多缺陷，幻軀焉得免無常。

吃些虧處原無礙，退讓三分也不妨；

春日才看楊柳綠，秋風又見菊花黃。

榮華原是三更夢，富貴還同九月霜；

老病死身誰替得，酸甜苦辣自承當。

人從巧計誇伶俐，天自從容定主張；

諂曲貪瞋墮地獄，公平正直即天堂。

麝因香重身先死，蠶為絲多命早亡；

一劑養神平胃散，兩種和氣二陳湯。

生前枉費心千萬，死後空持手一雙；

悲歡離合朝朝鬧，壽夭窮通日日忙。

休得爭強來鬥勝，百年渾是戲文場；

頃刻一聲鑼鼓歇，不知何處是家鄉。

九華三寶

九華有三寶，金錢樹、娃娃魚、叮噹鳥，分別代表著地上、水裡和天上的三件寶貝。

壹 金錢樹

又名青錢柳，是九華山上的原生樹種，已發現有十二棵，其中以金沙泉旁的連理金錢樹為最大株，高約十丈。幹黑而樹葉青翠，春天先有青翠長葉，夏時又長出細條，好像一串金錢，或二、三枚一串，最多達十幾枚一串。到秋天，錢串由綠變黃掛滿樹幹，像一串銅錢，故名金錢樹。前人有詩云：「李白手植金錢樹，君若酤酒何愁錢？」

貳 娃娃魚

兩棲類動物，學名叫「東方蠑螈」，有四隻腳，腳有五指，體圓尾扁，頭扁口大，身呈紫黑色，腹部呈朱紅色，生活在陰暗潮濕的山澗溝壑中，覓食蟹蛙等小動物。因為叫聲像娃娃的哭聲，故名娃娃魚。有一度台灣客赴大陸喜食娃娃魚，還一度進口風行過一陣。後來大陸列為保育動物，因而遏止了這種歪風。

參 叮噹鳥

又名搗藥鳥，每到春夏之間，此鳥獨鳴於深山幽谷中，山僧只在半夜聽到牠的叫聲「客叮噹、客叮噹」，很少人見過牠長什麼樣，因而根據牠的叫聲取名叮噹鳥，宋代詩人陸游說：「霧中有此鳥，鳴聲清脆，正如杵藥」，後依據九華山鳥類資料才知，可能就是搗藥鳥。其喙紅色，羽毛有黑白兩色，尾巴略長，體型大於畫眉，曉伏夜出，多在夏季出現。王十朋說：「江南一岳占青陽，多少神仙此地藏，聞說仙翁搗藥處，鳥聲依舊客叮噹」。

003

章

山巔上的神光

八十四級山頭石

五百餘年地藏墳

風撼塔鈴天半語

眾人都向夢中聞

宋.陳岩

《金地藏塔》

|003章 山巔上的神光

下午近五點，爲了趕往月身寶殿，迅速抄小路，走的方向和一般從月身寶殿正門進入剛好相反。怕太陽下山，越來越微弱的燈光不利拍攝寺院內部，因此一口氣衝到了月身寶殿後方的十王殿，直到進入清幽的院中才停步喘氣，環看四周，古樹環抱，直覺此處是修行的絕佳寶地。

禮佛後，向管理人員說明來意，沒想到他們竟不同意拍攝，連正在取景的書維都被擋了鏡頭，一時氣氛有些僵硬，小袁也被指責說原本就是禁止拍攝的，導遊應該負完全責任。管理人員說除非住持法師同意，一定要我們先打電話詢問，但問電話號碼爲何，他們卻也不知道。小袁決定親自跑一趟知客堂，那時我還不知道從十王殿到知客堂還有一段不算短的台階要爬呢！

等待的時候，我一面苦思良計，一面到大門外一旁的靈官殿中，向護法菩薩靈官祈求，希望一切順利無礙呀！一

■轉輪寶殿是上肉身寶殿的必經之地，內有地獄場景木雕。

會兒後，小袁帶回來令人高興的消息，這時管理人員也不好再說什麼了，搶時間，我們趕緊往前走。

轉輪寶殿

轉輪殿位在肉身寶殿下方，十王殿前後三進，規模很寬敞，前兩進殿宇，是一整體建築，內有天井和古老石橋，殿內四周佈滿了各種十八層地獄的塑像，地藏菩薩居正中首位，兩邊神龕中有「十殿閻羅」塑像依序而坐，皆是王袍冠冕，時近黃昏，陰森氣氛也悄悄漫佈。不過，佛弟子深知因果，心中光明磊落，我們反而對入門兩側的黑、白無常帽子上寫著「就是捉你」、「你也來了」有興趣，此外，日遊巡和夜遊巡兩位使者也分立兩側，地上斜躺著一塊木板，上有一段發人深省的文字：

■黑白無常與日、夜遊巡分立大門兩側

哼！你來了！

問你平生所幹何事？

欺人懦、詐人財、坑人命、姦淫人婦女、佔據人田地，日積月盈；

是不是睜睜眼睛，看世上有多少惡焰凶鋒可饒過了那個。

來我這裡，有冤必報，傾你家、蕩你財、追你魂、天絕你子孫、降罰你禍殃，

■丈六高的地藏菩薩銅像，隨侍兩側為閔公父子

■為人處事常思果報，心中光明自在

神嚎鬼哭，怕勿怕，摸摸心頭！想以前百千萬，機謀詭譎還能用得著嗎？

這段文字讓人覺得好像來到了地獄入口，因果報應絲毫不爽，就算死後，萬般帶不去，唯有業隨身，怎能不謹慎於每天身、口、意的造作呢！

走過石橋後進入主供地藏菩薩的大殿中，一尊巨型丈六金身地藏王菩薩大銅像跏趺坐在蓮花座上，重達六千六百公斤，座下有坐騎「諦聽」，兩側有閔公父子。右邊，一位僧人正在敲撞著一口幽冥鐘，「匡、匡、匡」在幽遠沉重的鐘聲中，小袁悄聲告訴我，這個僧人腳有些不方便，在此負責撞鐘，而且每隔三十分鐘就撞鐘，這成了他主要的修行工作，一陣又一陣的鐘聲響徹黃昏古剎，心中也自然響起了

■大殿角落正有僧人撞鐘，鐘聲迴盪在古寺中，聲聲清淨悠遠足以滅去眾生心中熱惱。

扣鐘偈：

聞鐘聲、煩惱輕、智慧長、菩提增、離地獄、出火坑、願成佛、度眾生。

願此鐘聲超法界，鐵圍幽暗悉皆聞，聞塵清淨證圓通，一切眾生成正覺。

百千方便救度眾生

諸佛共稱揚　荷擔如來殷情咐囑

億萬毫光照臨勝地

九華垂聖跡　慈悲示現不壞金剛

　走出轉輪殿，往階梯上趕路，向上一望，看不到盡頭，可別小看這短短的八十一級台階，石造的台階陡峭，走起來又陡、又硬，很不好攀爬，才跑了幾個台階，腳就非常酸了。不過一登到底，突覺視野開闊、心曠神怡，一座古老殿宇聳立眼前，後殿門頭上有一金字小篆體的匾額：「眾生度盡方證菩提，地獄不空誓不成佛」，為北洋軍閥時期總統黎元洪所寫。殿廊上的對聯是：

福被人物無窮盡，慧同日月常瞻依

心同佛定香煙直，目擊天高海月升

誓度眾生離苦趣，願放慈光轉法輪

　回頭一看，台階下方有釋寶嚴

■月身寶殿後方題匾為民國大總統黎元洪以小篆書寫：「眾生度盡方證菩提，地獄不空誓不成佛」。

　轉輪殿古樸森嚴，可惜1969年毀於火災，到1990年才由仁德大和尚發心籌募資金重建，趙樸初先生題寫柱聯：

提：「神光異彩」四字，四周古樹
參天，這裡就是著名的神光嶺，古
稱「南台」，我們終於攀上了九華山
的精神重鎮：「月身寶殿」。

護國月身寶殿

唐僧一虁《金地藏塔》：「渡海
離鄉國，榮救苦空，結茅雙樹下，
成塔萬花中。」月身寶殿，爲全山
祖塔，居神光嶺頭，是安葬金地藏
肉身的地方，這裡是九龍捧聖中
心，諸峰環繞，古樹掩映，塔在寶
殿之中。

殿內有七層八方木質紀念塔、高
十八米，塔基用漢白玉砌成，四面
均設立佛龕，塔上的每一個小佛龕
中都供著大小規格不一的金色地藏
王菩薩像五十六尊，造於清光緒十
二年（公元1886），兩側有金黃色的
閻羅十王立像侍列，不論佛像或閻

■地藏菩薩月
身寶殿塔中有
大小地藏菩薩
塑像，金碧輝
煌。

羅王像，一概金碧輝煌。古人吟此
處爲：「神塔輝千古，眞身鎮佛
門」；「莊嚴寶相黃金塔，洗拂珠
光白玉梯」。

《安徽通志》載，新羅國王近宗金
喬覺（地藏）卓錫九華，居於南臺
（今神光嶺），唐貞元十年，九十九

■心道師父帶領大眾頂禮月身寶塔

生，佛徒信為地藏菩薩化身，公元797年乃建塔紀念，嶺上夜間發光如火，人們因此稱之「神光嶺」。

據《中國佛志史塔志》記載，山中耆宿說，光緒廿二年曾開塔重修，所見到的是塔的外形為木塔，內有石塔，石塔內更有銅塔，銅塔四面有門，中空，下通無際，穴中香風上湧，但見黑土如麵，馨香如酪，不能知其底蘊。

月身寶殿的特色是：「殿中有塔、塔中有缸、缸中有肉身。」塔殿合一的形式在中國寶塔史上視為首例，後朝建殿護塔，隱石塔於殿下，寶殿遂建於高台之上。寶殿廊廡有繞殿石柱二十四根為貴池縣弟子劉含芳捐獻，鏤刻對聯三副：

福被人物無窮盡，慧同日月長瞻依。

心同佛定香火直，目極天高海月

歲示寂，九華山志載：「依浮屠法斂以缸、葬以塔。塔在化城寺西神嶺，凡三級，俯仰之以鐵為幕、倍加保護。」三年後啟塔，發現金地藏兜羅手軟，金鎖骨鳴，顏面如

■月身寶殿的特色是：「殿中有塔、塔中有缸、缸中有肉身。」塔殿合一的形式在中國寶塔史上視為首例，後朝建殿護塔，隱石塔於殿下，寶殿遂建於高台之上。

■殿內有七層八方木質紀念塔、高十八米，塔基用漢白玉砌成，四面均設立佛龕，塔上的每一個小佛龕中都供著大小規格不一的金色地藏王菩薩像五十六尊，造於清光緒十二年。

生。

誓度眾生離苦趣，願放慈光轉法輪。

這些匾額、柱聯一一見證著地藏菩薩眞實存在於每個佛教徒心目中，讓九華山顯現出與眾不同的信仰氣息。

月身寶殿建築史

明萬曆皇帝朱由儉賜額「護國肉身寶塔」，但究竟從何時開始，塔外又加蓋寶殿以爲保護呢？史無明錄，但光緒木刻版《九華山志》記載：「康熙二十三年喻中丞成龍守郡時重修...」，可猜測肉身寶殿大約建於明末清初。

咸豐七年，粵匪（太平軍）掠山，化城寺、肉身殿等絕大部分寺廟毀于兵；同治初年因山洪突發沖毀了南向八十四級台階，同治五年重建肉身殿，六年告竣，南麓建有八十一級台階；光緒十二年大規模重建，肉身殿開南北二向殿門，門額懸掛「東南第一山」橫匾，傳爲乾隆皇帝手書，並在八十一級台階下擴建轉輪殿，台階頂端建有天橋；民國年間釋悟月題刻「磐石常安」，祝願此塔永遠堅固、釋寶嚴題刻「神光異彩」於天橋上，爲神光嶺地名由來。

1992年，在住持聖富法師主持下，募款重建寶殿，在神光嶺北麓建了九十九級台階、迴廊，與九華山九十九峰，地藏九十

■寶殿外有一口陰陽井

■施玉藻題寫的「東南第一山」

九歲示寂等義相呼應，一代聖僧苦修度眾，成就一方寶地的史蹟盡在眼前，讓人流連忍不住多望幾眼。

殿外是一半月形的石舖瑤台，這裡就是「布金勝地」（註：民國臨時政府段祺瑞題），每年7月3日地藏聖誕這天有成千信眾到此佈施。若是清晨到此，台下雲層如海，稱為「雲輔海」勝景，在多雨季節，低雲布雨，雲層中含有微細水珠，在日光照耀下，銀光閃閃，因此稱「雲輔海」奇觀。

為什麼供奉地藏菩薩肉身的寶殿要稱為「月身寶殿」呢？小袁說這是因為寺院忌諱提到「肉」字，古時的「月」與「肉」字義相通，因此用「月」字代替肉字，另外肉身菩薩也稱「應身菩薩」，都是為了避免提到肉字，道理相同。

「那麼地藏寶塔為什麼現在不開呢？」工作人員提出疑問。

「因怕破壞風水，以前說是一甲子開一次，但到底有沒有開，誰也不知道，曾經也聽說過，文革的時候，很多人去挖寶塔，但都沒有挖成。」小袁說。

「那麼到底地藏菩薩的肉身至今是否還保存在塔下？」大家鍥而不捨追問。

「91年時曾用機器探測過，地藏菩薩的肉身確實還完好如初地保存在

■月身寶殿外有一對造型特殊的石獅

塔中。」小袁非常有信心地回答。

寶殿北牆上有大大的「布金勝地」四字金字，在夕陽餘暉中閃閃放射著柔和的金光，這是清代大書法家鄧石如第五代傳人陳自求的墨跡，

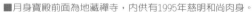
■月身寶殿前面為地藏禪寺，內供有1995年慈明和尚肉身。

上方還有「護國肉身寶塔」匾額。肉身寶殿中正進行著晚課，法師們圍繞著寶塔長跪誦經。我在小廣場上沉思：地藏菩薩發願在最苦的地獄救度眾生，祂一直在水深火熱的地獄中等待，只要眾生有一念覺醒，祂就前往救拔，直到度盡地獄眾生，才要成佛。地獄的眾生要等到何年何月才能度盡呢？更何況娑婆世界的眾生習氣剛強，才剛離開地獄又馬上造業，再墮地獄，似乎樂此不疲。只要眾生造業不停，地

藏菩薩的工作也就沒有休息的一天，地藏菩薩好辛苦呀！

不知為什麼，在肉身寶殿前，我的心中感到萬分平和及深深的感動，地藏菩薩示化迄今有1208年，歲月悠悠，不管金喬覺的肉身至今是否安在，地藏菩薩的大願畢竟沒有因時間而衰退，反而越來越深越廣，這麼強烈的信賴與依靠一直不斷地感召眾生，「我不入地獄，誰入地獄」，雖千萬人而吾往矣！菩薩利生的大願何其磊落，真如「菩薩清涼月，常遊畢竟空，為償多劫願，浩蕩赴前程。」

□

這一天的拍攝工作逐漸接近尾聲，依依不捨離開月身寶殿後，往前走下階梯就是大雄寶殿、接著前面的地藏禪寺內供奉另一位

肉身菩薩--慈明和尚，小袁先簡介慈明法師生前在幽冥鐘亭撞鐘，並不是起眼的大和尚，等到修成肉身以後，大家才知道他是一位大智若愚的成就者，並稱他為濟公活佛的轉世。不過此時殿門已關，決定明天再來。

一般朝聖客都經由北大門牌樓進入，拾級而上，走中軸線到各主要殿堂朝拜第一進是山門殿，入得山門有一區「行願無盡」是趙樸初所題；第二進是彌勒殿，供彌勒佛；第三進是地藏禪寺，一抬眼就看見趙樸初所題的「地藏禪寺」四個金字，殿內供地藏坐像，身旁有諦聽，左右侍者為閔公和道明，兩側為十殿閻羅王，稱

■肉身寶殿中正進行著晚課，法師們圍繞著寶塔長跪誦經。

■一般朝聖客都九
華街的北大門牌樓
進入，拾級而上，
走中軸線到各主要
殿堂朝拜。

「十殿閻羅朝地藏」，旁邊龕內有慈明法師的肉身。

繼續再登上龍珠橋階梯才上月身殿，最具特色的是階梯共九十九級，意思是九華山有九十九座山峰、金地藏九十九歲示寂，體現九九歸一宇宙循環規律。登上階梯就到了神光嶺山頭的月身寶殿，月身寶殿之後下八十一級階梯到十王殿，才算完成月身寶殿的朝禮。

夜間七點半走回旅館，這時天色還在，才知道原來這裡的太陽比較晚下山，走了太多的路，此時大家各道晚安，拖著疲憊的身軀回去休息了。

唐朝劉禹錫詠九華詩作

劉禹錫五十年的官宦生涯中，多次貶官地方得以遊覽名山勝蹟，長慶四年因由夔州〈四川奉節〉調往和州〈安徽和縣〉刺使之便，得以遊覽九華勝景。寫下了一首《九華山歌》，序言中即讚嘆九華山「九峰競秀，神采奇異」，也為過去被批評為「地偏且遠，不為世所稱」感到不公。其詩的內容如下：

奇峰一見驚魂魄，意想洪爐始開闢；
疑是九龍夭矯欲攀天，忽逢霹靂一聲化為石。
不然何至今悠悠億萬年，氣勢不死如騰仙。
雲含幽兮月添冷，日凝暉兮江漾影；
結根不得要路津，迴秀長在無人境。
軒皇封禪登雲亭，大禹會稽臨東溟；
乘樏不來廣樂絕，獨與猿鳥愁青熒。
君不見敬亭之山廣索寞，兀如斷岸無稜角。
宣城謝守一首詩，遂使聲名齊五岳。
九華山，九華山，
自是造化一尤物，焉能籍甚乎人間。

004

章

千古神僧

萬里雞林何處家　迢迢孤錫入中華
心頭法戒空無法　身後沙門多似沙
東國有詩傳貝葉　西方無地湧蓮花
不勞夢幻遊仙境　我但馳神望晚霞
清、釋了然

|004章 千古神僧

金喬覺
（公元696—794）

來到九華山，不能不知道金地藏的故事，肉身菩薩的故事是整個九華山的靈魂。地藏菩薩高潔的志行，和拯度眾生的宏願，感召了無數信徒，圓寂後，被信徒推尊爲地藏菩薩轉世，實有其人的「金地藏」讓九華山成爲中國四大名山的一處著名道場。

金地藏駐錫九華之際，九華山還是一片原始山林，虎豹凶獸出沒無常。一個異域王子，寧可捨棄王族的富貴生活、不爲權勢所誘、不爲親情所動，獨居在離鄉千里遠的異國，過著「岩棲澗汲」的苦修歲月，若沒有對生死大病升起強烈出離心，有一心向道的堅毅精神，又怎能堅持這種非常人的生命歷練。

目前保留下來關於金喬覺的最早文獻是唐人隱士費冠卿（公元813）在九華山下隱居所寫的《九華山化城寺記》，書中稱金喬覺乃「時有僧地藏，則新羅國王子金氏近屬，項聳骨奇、軀長七尺而力倍百夫。落髮、涉海、舍舟而徙，睹茲山於雲端，自千里而勁進。披榛援薥，跨峰越壑，得谷中之地，面陽而寬平，其土黑壤，其泉滑甘。岩棲澗

金地藏生平簡介

金地藏本名喬覺，古新羅

（今朝鮮）國王金氏近族，自幼好道

出家。唐開元七年（公元七一九年）航

海東中土卓錫九華岩橋澗波，

以示高潔。至法初，青陽紳士諸葛節

率群老登山，被他的苦情所感動，

遂出錢為他營建廟宇即化城寺建

中初，池州郡守張巖請朝廷建

化城寺，畫額僧徒日眾，消息傳到新

羅，渡海相從者紛紛而至。

貞元十年（公元七九四年）金喬

覺九十九歲，忽召眾告別，攝九華

山逝記載他圓寂時息聞山鳴石隕，

其肉身趺坐函中三年，開視仍坐

顏色如生，兜羅手軟，牽勸骨節如

藏金鎖，其狀如佛《佛經》所載地藏

王菩薩相似，佛子便謠為地藏菩

薩轉世尊稱金地藏並為其建塔

於神光嶺即今月身寶殿。自此，

頂禮膜拜者敬千里接踵而至，

甘霉日。

汲，以示高節」，在《神仙傳》亦描述金喬覺：「心慈而貌惡，穎悟天然」，以致「旁邑豪右，一瞻一禮，必獻桑土。」

金喬覺的生活背景

新羅國建於公元前五十七年，至四世紀中葉成為朝鮮東南部的一個強國，和百濟、高句麗相互爭雄。根據費冠卿記載，金喬覺生於公元696年的新羅王國，就是二十世紀行政區域上的韓國。佛教傳入三韓始於高句麗小獸林王二年（公元372），當時是中國東晉簡文帝咸安二年。此後，中韓二國互派僧人，使韓國佛教迅速興盛起來。

法興王十五年（公元528）佛法在新羅盛行，而那時唐代的中國佛教正如日中天，有不少僧人來中國求法，或學儒學、政治等。朝鮮半島的新羅國在唐高宗的支援下統一了

開光護身符

地獄未空誓不成佛

眾生度盡方證菩提

九華山古拜經臺

■最受歡迎的小紀念品,口袋大小的鍍金雕地藏菩薩像,薄薄一張像卡片,商家還提供現場刻上名字的服務,可以送人隨身攜帶保平安。

朝鮮,和唐朝建立了友好關係,並派大批留學生到中土深造。在唐前即有新羅僧人西渡至中國求學苦行,如南朝劉宋時期,在離九華山不遠的黃山即有新羅僧人結新羅庵苦修。到唐朝,與金喬覺同時來的新羅僧人有順璟、義湘等人。他們在中國研習佛經都獲得了很大的成果。義湘專攻《華嚴經》,學成歸國後,傳授《華嚴經》,受到國王和教徒的尊重,被稱為「海東華嚴初祖」。

另外,金喬覺家鄉的道義禪師在新羅宣德五年(公元784)來華習禪,從西堂智藏、百丈懷海參禪,後成為智藏的法嗣。穆宗長慶元年(公元821)回國,為「海東迦智山第一祖」,其後弘揚禪宗的禪師相繼不絕,於是禪宗大興,在新羅逐步形成九派三門。

金喬覺生活的八世紀是新羅佛教鼎盛時期,雖然新羅輸入佛教較晚,但在王宮貴族的獎勵下,佛教也快速獲得信仰。特別是六世紀前期以後,佛教與封建政治直接結合起來,受到國家特別保護,上自國王,下至民間,被廣泛流傳。公元七世紀中,新羅佛教已基本形成涅槃宗、律宗、華嚴宗、法性宗、法相宗、禪宗、天台宗七派;八世紀時,禪宗獨攬各派,又形成禪系統。

隋唐之際,中國佛教宗派林立,

自成體系，而發展最具特色的是禪宗。禪宗的集大成者是六祖慧能大師，直到今天，中國佛教的主流還是源於六祖的禪宗，而六祖弘法時代正與金喬覺來華時間吻合，六祖於公元713年示寂，金喬覺於唐開元末來華（公元731--741）。因此金喬覺來華時不僅是新羅禪宗大放異彩的時候，也是中國禪宗發展最興旺的時候。

廿四歲來華求法

據《神僧傳》記載，佛滅度一千五百年後，菩薩降誕於新羅王家，名金喬覺。金喬覺的喬字意為「大」，覺乃「覺悟」。他生性非常淡泊、樸實，自幼喜愛典籍、經文，二十四歲剃髮出家，法號地藏。在金喬覺寫的《酬惠米》詩：「棄卻金鑾納布衣，修身浮海到華西，原身自足酋王子，慕道相逢吳用之。」說明自身原為王子，為求道削髮渡海，攜帶白犬諦聽，不遠千里而來。金喬覺來華後，他的國人、家人還來找過他，但他都不為所動。

唐玄宗開元末（公元741）金喬覺來華後曾雲遊江南名山大寺，在宣城、貴池、南陵、盧江一帶都有過他的足跡，天寶年間他來到九華山，看此山聳立於雲端，於是披荊斬棘、跨峰越壑，在山谷間找到一塊寬平的朝陽之地，卓錫九華，棲身東崖岩洞，常以白土染少米而食之，汲水於溪間，餓了吃些野果，渴了喝點甘泉，在九華山雲霧縹緲的山洞中閉關，苦行清修。

鐵板注腳

金喬覺在九華山尋得一片面陽之地，開始長期艱難的閉關生活，端

坐山頭七十五載，曾遇毒螫亦端坐無念，後人稱其禪定功夫爲「鐵板注腳」。宋朝陳岩在《九華詩集》描寫：

探地雙峰黃葉飛、入山宴坐已多時
但知之鑿具迪透、不少日支狀淚有

＊

只將一點消諸妄，坐逸禪機最上乘。

＊

洞里金仙何年坐？湛然識得素來心。

爲深入經藏，金喬覺當年還曾下山，遠到南陵縣（今安徽省南陵縣），請當地人俞蕩捐寫四部經回山，據說這四部經是《無量壽經》、《觀無量壽經》、《阿彌陀經》、《鼓音聲陀羅尼經》。

化城建寺　南方枯槁衆

唐肅宗至德二年（公元756--757年），當地鄉老諸葛節率村中老人從山底攀至山頂，見金喬覺住山洞，吃白墡，深爲感動，「群老投地號泣，和尚苦行若此，某等深過已。」因而集資買檀號廢地建廟，供養給金地藏。「近山之人，聞者四集，伐木築石，煥乎禪居」，在金喬覺上座弟子勝瑜的指揮下，不數日成大伽藍，廟宇十分莊嚴。據記載，「當殿設釋伽文像，左右備飾。次立朱台，掛蒲牢於其中，立樓門冠以其寺。丹素交彩，層層倚空。嚴巒隊起於前面，松檜陣橫於後嶺。日月晦明以增其色，雲霞聚散而變其狀。松聲猿嘯，相與斷續，都非人間也。」

金喬覺在遷居廟中後，籌劃開發九華山，「肆其磨礱，開鑿溪澗，盡成稻田，相水攸瀦，爲放生池。」建中初年（公元781--783年），地方官張巖上奏朝廷，由朝廷正式賜名

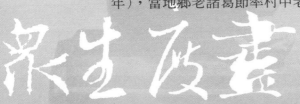

「化城寺」，寺坐落在山中平地，有溪有田，四山環繞如城。後徒眾越來越多，生活更加艱辛，費冠卿有詩句：「溲泥時和面，拾橡半添糧。」就是描述苦行的生活，金喬覺本人只有一件「其重兼鈞」的「自絹麻衣」多夏相伴，而其徒「冬則衣羊」，烤火取暖。

雖然生活不易，但他們「請法以茲神，不以食而養命」、「畬田采薪自給」，與馬祖道一、百丈懷海「一日不做一日不食」不謀而合。在金喬覺八十餘歲時，仍然極其貧苦，時人稱其僧團為「南方枯槁眾」，苦行精神，備受景仰。

宋朝陳岩《化城寺詩》注：「唐建中中，金地藏依止禪眾，有平田數十畝，種黃粟稻，田之上種茶，異於他處，謂茗地源，亭后有五釵松，結實香美，皆自新羅移植。」金喬覺農禪並重的作風也影響了他的弟子，首座勝瑜等人，身體力

行、披荊斬棘，蓄水灌田、堅持苦修，佐金開山。

酬惠米詩

　　金喬覺曾在一名老藥農的介紹下，認識了山下老田村的讀書人吳用之，吳氏父子與他一見如故，對他拋棄榮華富貴一心向道至表讚嘆。雙方並言定結緣，往後吳氏父子代表全村向金喬覺供養米油，金喬覺也傳授父子「十齋法」。這個結緣至今仍然沿襲，九華山佛教會每月都會派執事到老田吳村，象徵性的領取米油。爲了這段情誼，金喬覺寫過一首「酬惠米」的詩：

棄卻今鑒衲布衣，浮海修身到華西；
原身乍是苗王子，慕道相逢吳用之。
未取叩門求他語，咋叨送米續晨炊；
而今餐食黃精飯，腹飽忘思前日飢。

東崖宴坐

　　金喬覺一入九華即「端坐無念」、「閉目石室」，後人甚至說他「端坐九子山頭十五載」。每當結夏時期，他只帶領一名從者居於南台，穿著自緝數斤麻衣精進修行。除了禪坐、拜華嚴經自修外，金喬覺也喜歡邀請道侶談經論道。在宋陳岩的《九華詩集》原注中提到，金地藏在「晏坐石」，和道侶宴坐石中，定起而還；在煎茶峰，召道侶汲泉烹茶；在羅漢峰，「昔有僧挈瓶持錫，常詣金地藏，竟日談論。」這些都是金喬覺日常的閉關活動。

送童子下山

　　法師還有一首極為傳神的〈送童子下山詩〉，這也是大師留下唯一可信傳世之作品：

空門寂寞汝思家，禮別雲房下九華；
愛向竹欄騎竹馬，懶於金地聚金沙。
瓶添澗底休拈月，缽洗池中擺弄花；
好去不須頻下淚，老僧相伴有煙霞。

肉身成就　神光異彩

地藏比丘在九華山領眾修行了七十五年，唐德宗貞元十年（公元794）七月三十日，九十九歲，忽召徒眾告別，說完法後趺跏示寂，金喬覺按佛家法「趺坐函中」，頓時「堂傾椽塌、叩鐘無聲而墜，遂即示寂」、「山鳴谷殞、百鳥哀鳴、地出光霞、瑞像紛呈」。徒眾於地出霞光（後稱神光嶺）處建造石塔，供肉身於石塔中。《九華山志》載：「依浮屠法斂以缸、葬以塔。塔在化城寺西神嶺，凡三級，俯仰之以鐵爲幕、倍加保護。」

三年後啓塔，發覺其肉身沒有任何損壞，顏色如生：「開將入塔，顏狀亦如活時，兜羅手軟，异動骨節，若撼金鎖。經云：『菩薩鉤鎖，百骸鳴矣』」徒眾根據這些「特徵」和佛經記載，認定金喬覺是地藏菩薩轉世，所以稱金喬覺是地藏王菩薩，眾人跪拜禮敬，後於塔之南建八十四級台階以供觀瞻。

地藏信仰

佛教徒尊金喬覺爲地藏王菩薩在中國示現，因爲金喬覺的法號爲地藏，又篤信地藏王菩薩，而且傳說他的容貌與地藏王非常相似，肉身不腐，三年後「异動骨節，若撼金鎖」，因此被世人尊稱爲金地藏。

《大聖大集地藏十輪經》詮釋地藏：「安忍不動如大地，靜慮深密可秘藏」。地藏菩薩有一大特色：常居穢土，與此娑婆世界有大因緣。

《地藏經》說，地藏菩薩在釋迦牟尼佛滅度之後，彌勒菩薩轉世成佛之前，這一無佛世界中救苦難、度「六道眾生」的菩薩。他不斷現身於人、天、地獄之中，發願只有在盡度六道眾生之後，才願成佛。宋陳岩《金地藏塔》詩：「八十四級山頭石，五百年前地藏墳，風撼塔鈴天半語，眾人都向夢中聞」，說明早在七百年前，金地藏塔就具有無比的感召力，受地藏菩薩大願感動者，不遠千里頂禮膜拜，不絕於途。特別是每年七月三十日地藏菩薩聖誕，九華山香火尤其鼎盛。

自從金喬覺被尊為地藏菩薩之後，九華山香火日益興盛，成為中國著名的佛教名山。繼金地藏之後來九華山修行的比較著名的新羅僧人還有淨藏，他結庵雙峰巖下，因地名稱「雙峰庵」。宋僧希坦有詩云：「藏卻胸中萬卷書，卻來山頂結茅廬，當時若也羈韁鎖，爭得高名是世疏。」從詩中看來，淨藏也是一位很有知識的新羅僧人。

■由於地藏菩薩發願救度地獄中的眾生，因此被後人奉為幽冥教主。

地藏菩薩的坐騎--諦聽

「諦聽」是一隻靈犬，當年跟隨地藏菩薩渡海來華，也許是經多年，靈犬已傳為神獸，外形是牛角、獅面、龍爪、鳳尾，稱為「四不像」，據說坐聽九百里、臥聽三千里。常領著諦聽在山中行走，「鼻聞九十九，耳聽獄下空，眼看千里遠，足蹬萬里行」。來九華山朝拜的善男信女，常以隨身物在諦聽身上摩擦幾下，再攜回戴在小孩身上以「避

邪」、「降福」。

觀音土

此土在香林峰下的金光洞旁的「白墡穴」被金喬覺尋獲，土色白而細膩，甘滑如面，眾賴以濟。白墡土又稱白石脂、高嶺土、白堊、觀音土。白墡土從礦坑中取出時「初如爛泥，見風漸堅，膩滑精細。」可少量服用，是魏晉時期曾風行一時的「五石脂」成分之一。

■黃精是九華山的特產，俗稱「北有人參南有黃精」。生鮮時外表很像生薑，根據百歲宮記載，無瑕老和尚生前吃黃精，非但不易飢餓且精神奕奕。

地藏菩薩的食物-黃精

金地藏長久以來一直在九華山的深山岩洞中修行，有一次遇見九子山的採藥翁，能辨識各種草藥，並介紹給他一種山上的草藥--黃精，是九華山的特產，外觀看起來很像生薑。補血、補氣、降血壓，圓的能治病，扁的能充飢，往後金喬覺及明朝無瑕和尚就靠這個糧食維持體力，成了閉關的主食。

自古以來有「北有人參、南有黃精」之稱。黃精十年長一尺，一年長一節，僅有指甲那麼大。黃精九蒸九曬，日曬夜露，吃在嘴甜如蜜棗，只要早上吃一次，直至下午都不覺饑餓，有氣力又有精神。

地藏菩薩的護法--靈官

一般寺廟的第一座殿堂是天王殿，四周有佛教護法-四大天王，正中央供奉彌勒菩薩。但在九華山，會發現天王殿中央供著一位難得一見的護法--「靈官」，周身穿著鎧甲，金面紅鬍鬚，有三眼，右手舉鋼鞭，左手攢拳，形狀凶惡，威風凜凜，號稱「三眼能觀天下事，一鞭驚醒世間人」，這其中還有特殊的神話故事呢！

道教中，靈官在原是鎮守山門的神，稱為「玉樞火府天將」，俗姓王名善，生於宋徽宗時代，曾學過符籙法術，死後玉皇大帝封他為「先天主將」，負責天上、人間的糾察職務，靈官塑像在肉身殿出現，約是金、元之後的事。

話說金地藏的肉身不在塔下，每一甲子會開放一次供大眾禮拜瞻仰，相傳有一位新科狀元來瞻禮菩薩，不信有肉身不壞之說，為了一試真假，以金簪刺地藏肉身腿部，結果汩汩血絲從肉身中滲出，嚇得新科狀元拔腿便跑，當時韋馱菩薩因為巡山外出，回來後得知立即追出，金地藏阻止韋馱說明原委。

原來金地藏生前在深山中苦修時，用自己綴補的一件大麻衲衣禦寒，這衲衣重得出奇，號稱「兼鈞」，古時一鈞三十斤，這件衲衣重達五、六十斤，可做冬衣或棉被，久而久之，虱蟲寄生其中。有一個初春，金地藏禪坐之餘，趁著好天氣綴補衲衣，陽光耀眼，一不小心刺死一隻虱蟲，只好誦經、念咒超度牠，如今這個狀元正是那虱蟲的轉世。

金地藏料想狀元已經過了五溪橋，知道韋馱非要追到他懲罰不

可，同意只准在五溪橋南邊處罰狀元，過了五溪橋就不得追趕。韋陀心急一路追去，但那狀元已過五溪橋，韋馱一怒之下，一棒降魔杵把狀元打得一命嗚呼，韋馱回山後，地藏菩薩很生氣，不要他護法了。五溪橋北邊原有個狀元墳，後人也建個「狀元廟」以為警惕。

後來金地藏改換道教的靈官當護法，因此肉身殿下方設有靈官殿，而且此後山僧就把地藏肉身埋藏在塔下，不再開放，後人只能拜塔不見肉身，這就是九華山上護法不同於其他佛教道場的由來。不過在金元時，全真道的創立者－王重陽主張儒、釋、道三教合一，他說：「儒門釋戶道相通，三教從來一祖風」、又說：「釋道從來是一家，兩般形貌理無差」，所以道教的神給佛教看門，並未引起糾紛。但唯獨九華山

上有靈官護法，也為因果報應的神話傳說增添真實感。

■三眼靈官為道教鎮山門神，地藏菩薩邀為九華山護法。

歷代高僧與九華山
弘一法師

民初，著名的律師弘一法師出家後雲遊名山大寺，初習淨土後專修律宗，並創辦「南山佛學院」弘揚南山律法，三十年代初曾在杭州校刊胡宅梵的《地藏菩薩本願經》白話註解，行腳皖南，朝禮九華山，提出「不為自己求安樂，但願眾生得離苦」的大願。他登九華山還有一個願望，就是為《地藏菩薩行跡圖》作贊，此贊文辭嚴謹字跡工整，目前是九華山歷史文物中的一件珍品。

居士以方集銀地藏菩薩聖
德大觀居士割海血為繪聖像
捧持入山金感其誠因請後畫九
華重途仝後世俟往音陽觀禮
聖蹟俊遊後燒言善遷于四月
崇諦已許全為作善聯燈讚詞
偉輯一帙其八光頭往蹟武酬聖
德焉可於州後二十二年歲次發面
閏五月住溫陵大同元寺尊縢院
結夏安居
大華嚴寺沙門弘一演音

示生王家
佛滅度後千五華地藏菩薩降迹
新羅王家旺金名喬覺延釐雁律
頂後奇音雪白海四六指業中三清
術內惟第一義與方才合同讚曰
天心一月 晉印千江
菩薩度生 徧現十方
此土重迹 藍惟唐代
幼而新羅 王家華喬
力敏十夫 戴智慧珠
校弘學館

二　航海入唐

唐高宗永徽四年菩薩二十
四歲今於比年於神僧傳所云金喬覺
乃新羅國王金氏近屬其時
新羅發願航海入大唐國
讚曰

示現出家　而得解脫
乃奉唐土　涉海西度
一帆破浪　萬里乘風
大哉芸晨　益世之雄

三　振錫九華

菩薩之江西池州東青陽
縣九華山而愛樂之遂居其
峯覓得淨石間逐居焉讚曰

江南山青　九華珠勝
乃凌絕頂　披榛開徑
青谷中地　方以棲遲
在山之陽　在水之湄

四　閔公施地

閔老閎讓和青陽人九華山
主也菩薩向之一袈裟地公許
之菴張徧霞九華遂畫喜捨
公子求出家名道明今聖像
左右侍午道明及閎公也讚曰

大士神用　天方思議
徧霞九華　一袈裟地
種耶功德　奕葉垂芳
常住大士　莊嚴道場

地藏菩薩九華垂跡圖讚

五山神湧泉

菩薩常力毒誓俄有婦人
作禮讃柰二小兒無知顧
出泉資用以贖其過婦山神
也讃曰

九華山中　有泉廿泐
匯此人力　而秀後漢
翳普山靈　點石神工
清流湧ゝ　縈帶高峰

六　諸葛建寺

村父諸葛寧而譽卓自甚塋
言見菩薩擁名石室有泉折
迓以白土和少來夏食之相驚
歎曰知如斯苦行乾粟山下
到春於有遠失建寺不累載
感大伽藍讃曰

空山芳人　雲日徑廉
村老相尋　探此庚止
乃梅禪宇　龍楯寶梁
滕境巍ゝ　普故大光

七　東僧雲集

新羅僧眾聞之相率涉海請
法其後且多食有未遂菩薩
乃炊石淨土色青白不移如
麪郇供眾食讃曰

化協神州　風衍東國
緇伍雲集　稟道航德
有法資神　芳食資身
巍挺橋眾　為世而弇

八 現入涅槃

玄宗開元二十六年
元年七月三十夜召眾告別加趺
示寂時山鳴石隕和鐘斯啞羣
鳥哀嘷春秋九十九 讚曰

法身常住 言相思絕
隨眾生心 示現生滅
化事既息 應畫返遠
雲場猶古 永鎮名山

九 遠三浮圖

肅宗至德二年示寂後二
十載建塔高齡峻式覺光
如大回名嶺曰神光 讚曰

樹寧塔波 供養舍利
法化常存 真丹聖地
神光嶺表 青陽江頭
雲輝仰瞻 高記千秋

十 信士朝山

菩薩垂迹九華迄今千載信心俗衆
入山頂禮者接踵而至歲歲雲曰 讚曰

慈風長春 惠日永曜
士土綠深 常被遠教
若星拱辰 四方歸仁
万流稽首 我抒頗意
以報慈恩 而昭聖業
一切功德 迴施含靈
同生安養 共利有情

袈裟化現成道場

卓錫歸何處　金光古洞幽
崖存千歲柏　瀑落萬年秋
雨停松濤緩　嵐清竹潤柔
老僧無所住　時共白雲游

明・陳懋達

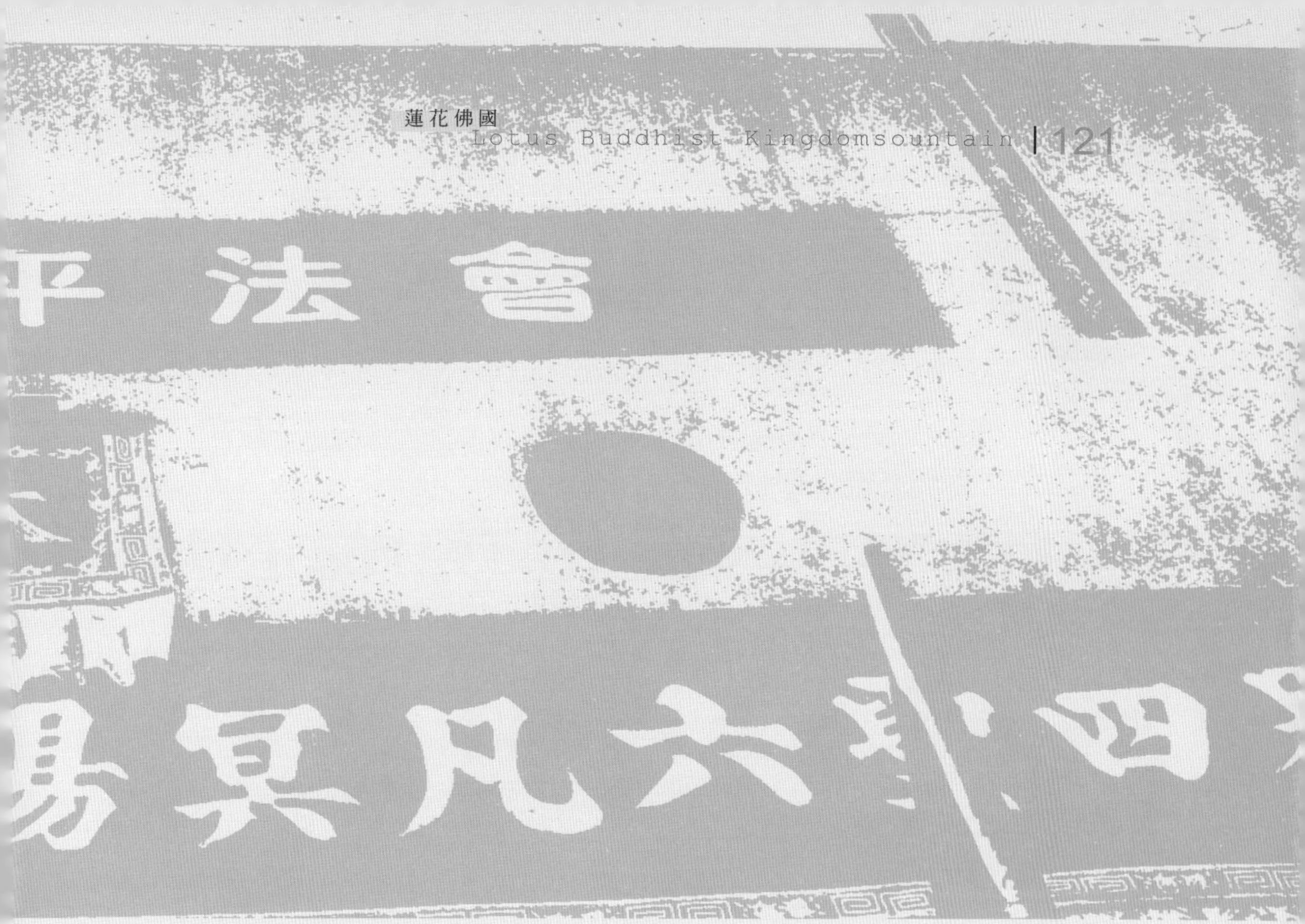
平法會
冥凡六
四

|005_章 袈裟化現成道場

祇園禪寺

清晨2點45分,大家都起床了,3點20分搭上車到祇園寺,天還未亮,小燈照射寺門口兩側的「水陸法會」、「普度道場」門牌,表示寺中這幾天正舉行水陸法會。

四大叢林之首的祇園寺,最著名的莫過於大雄寶殿中那三尊明朝鑄造的巨型三世佛。大家在寺中法師敲集眾鼓時依序步入大殿,仰望大雄寶殿三世佛,三世佛慈目垂顧芸芸眾生,彷彿沐浴在諸佛慈光加持中,身心則在如海潮音的鼓聲中震攝無餘。早課過程莊嚴又肅穆,難得的叢林生活體驗,彷彿讓我們回到了清嘉慶年間祇園寺初建,佛法廣被的時代。五點半,心道師父帶領信眾為世界和平祈福。圓滿後,靈鷲山信眾一一上前供養祇園禪寺的常住法師們,虔誠恭敬。

寺名典故

祇園寺又名祇園禪寺,寺名出自佛經,很多經典一開頭都有:「一

時佛在舍衛國祇樹給孤獨園......」，祇樹園本來是古印度迦毗羅衛國祇陀太子的園林，當年釋迦佛在摩揭陀國說法時，舍衛城的給孤獨長者皈依了佛陀，發願要建精舍供養佛陀，他選中了祇陀太子的園林，太子戲言除非用黃金鋪滿整個園林，才願意出賣園林，給孤獨長者眞的開始佈施自己所有的財富，以黃金布地，最後太子被給孤獨長者感動，二人合力建成祇園後請佛陀與僧眾說法，這座園林就用二人的名字取名爲「祇陀樹給孤獨園」，簡稱「祇園精舍」。

因此，九華山祇園寺的蓮花石版甬道上，每一塊石版都有兩個圓形古錢圖樣，象徵釋迦佛的聖跡，縱看像兩串金錢，古錢鋪路常引起大家的好奇，在明瞭原委後，不禁啞然失笑。

■凌晨四點大家在寺中法師敲集眾鼓時依序步入大殿，準備做早課。

寺廟歷史

祇園寺史建於明代，稱「祇樹庵」，清康熙年間（公元1662—1723）原來是化城寺的東寮之一，位於東崖西麓。嘉慶年間住持乏人，香火

■祇園寺寺名源自佛陀時代，給孤獨長者以黃金布地，向祇陀太子募得，這座園林就用二人的名字取名為「祇陀樹給孤獨園」，簡稱「祇園精舍」。

■九華山叢林之首—祇園禪寺，寺中正在打水陸。

成了「十方叢林」，接納來自四面八方的僧伽。其後寬揚、寬慈法師再振宗風，大殿落成時，名書法家于右任曾書贈「大雄寶殿」。該寺自隆山和尚以來都是傳曹洞一派，自隆山和尚振興以來，歷代祖師傳禪宗曹洞一脈，1986年仁德方丈就是在這裡舉行昇座儀式的。

建築特色

祇園禪寺為九華山四大叢林之首，是全九華山最高的一座寺廟，高廿七米，從外牆紅色可知建築風格為宮殿式，在九華山唯獨祇園禪寺和肉身寶殿擁有紅色外牆，一般寺廟為黃色外牆。本來寺廟各殿堂都是依照中軸線而建，但祇園寺依山就勢，難依中軸線設計施工，迴旋曲折，高低參差，結構精巧、層次分明，以靈活佈局而形成特色，

寥寥、庵將傾頹，諸山長老迎請禪居伏虎洞二十餘年的隆山禪師來住持，禪師及其弟子大根開壇宣戒，重建殿宇、擴建道場，寺院規模為全九華山之冠，一座蕭條古寺也變

例如大門側開、大小殿堂各有個性，整座建築群，鱗次節比，錯落有致地組合而成，氣勢磅礴。

大雄寶殿內氣宇非凡，正面有高約十二米的三尊金色大銅佛端坐於須彌座上，雕工精細，中央是釋迦牟尼佛，左、右為阿彌陀佛和藥師佛，背後有如火焰般的佛光，左右分別是文殊、普賢和十八羅漢，殿中兩角落分別掛著大根和尚以及宏社和尚化募來的千斤鐘和大鼓一座，三世佛像背後，還有高約三十米的鰲魚馱觀音及善財五十參群像懸塑。大雄寶殿外的金字匾額「大雄寶殿」正是民國廿二年于右任所書。

樑棟雕飾彩繪，精緻富麗，有玄奘取經、水漫金山、渭水垂釣等神話故事。在金黃色琉璃瓦頂上的正脊還裝飾有堆花彩磁的天王、羅漢像，或靜、或動、或坐、或行，型態各異，還兼有各種獅、虎動物。飛檐四角懸有八只鏤空花籃，檐下有十七個斗拱，富麗堂皇。

□

這幾天寺中正在打水陸，大殿和幾個小壇也都特別佈置，還有許多遠道而來的信眾起了個大早，開始

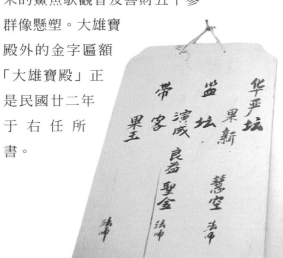

■祇園寺大雄寶殿後方有高約三十米的鰲魚馱觀音及善財五十參群像懸塑。

燒香、燒自己手折的紙蓮花，點香燭祈福。

在祇園寺的拍攝工作結束後，天色漸漸清亮，清晨六點，散步回飯店，九華街上的居民已經開始一天的生活。清新的空氣中有供佛的馨香，在佛國，一早就是精進修行的開始，我也要把握朝聖的機會，用心耕耘好每個緣。

鳳凰松

早上七點半，走出飯店，小袁高興地告訴我們，九華山已經下了一個月的雨，一直到朝聖團來了，天氣才放晴，真如佛光普照。我則心中高興，一定是朝聖團的誠心讓佛國天氣大放光明。

今天早上我們將搭纜車登上天台，到了上天台的纜車站，一株造型雄偉的「鳳凰松」鶴立面前，眾人不禁發出「哇」的驚呼聲，九華山的地勢不算高，而且植物大多為翠竹，連樹木都不多，何來一棵巨松，威風凜凜如鳳凰展翅挺立於此。小袁說為南北朝時的天竺來的僧人－杯度所植，已有一千四百餘年的歷史，形象如鳳凰展翅高飛，唯妙唯肖，當代畫家李可染將它譽為「天下第一松」，而且這顆松又名「台灣松」，我還不知原來台灣的松樹也自有特色，可成為「名字」。

閔園

九朵芙蓉雲中開　九華春茶霧裡栽
九十九峰茶歌起　九天仙女採茶來
家住九華高山巔　白雲送我進茶園
茶伴蘭花岩上長　歌隨清風吹滿天
〈採茶歌謠〉

接著拜訪附近一般遊人較少去的地方，九華山尼眾法師的居住地－閔

園。

　閔園是南北走向的大峽谷，五溪之一的龍溪源於此，唐開元年間，因這裡出產一種特香的茶而漸漸聞名。峽谷之東是綿延的天台諸峰，沿石板階梯步步攀登，可登上九華山最高峰――玉屏峰、十王峰，朝禮天台正頂的萬佛樓。峽谷之西是中峰，俗稱東崖，上有百歲宮，供奉明代肉身菩薩――無瑕和尚。閔園一區還分成上、中、下閔園，上閔園有悟圓寺和大覺寺遺址，仁德大和尚發心建造的九十九米地藏菩薩大銅像就是選址在這裡；中閔園有鳳凰松，下閔園則有文殊洞，龍溪河在旁跳出龍池、飛瀑。

　在這一方自成格局的小天地中，

■天下第一松：鳳凰松，傳為晉隆安五年，天竺僧人杯度將佛法傳入華山時所栽種。

■幽居在閱園一帶的比丘尼安於清苦幽靜的生活。

二、三十座大小茅蓬庵堂隱藏在松林翠竹間，終年綠波滾滾，竹浪依依，起伏蕩漾，是尼眾法師的修行地，古人稱這裡是：「蘭若深處」，曾有「借問蘭若深幾許，再過雲山又幾重」的詩句描繪此處景色。據說公元1119年，中日戰爭爆發，因戰亂頻仍，不少從上海、南京來的官商太太、夫人們逃難至此，躲進深山中，削髮為尼，從此過著青燈伴古佛的生活。如小小社區的庵堂群，高低間雜，曲徑互通，漫步其間，可看到最樸實的生活場景，又有石階小徑通幽、潺潺流水，陽光從竹林中灑下，別有意境。

我們走到其中的「九華蓮社」，小袁攙扶著聖慈老師太前來，滿佈皺紋的臉上掛著溫馨微笑，問老法師多大歲數了，老師太笑笑說早已忘了，好個山中無歲月的生活！問她

■九華蓮社的老法師高興於我們的到訪。

說是否因戰亂而逃難來到閔園，老師太說是從小就來到這裡了。老師太的徒弟們都到前面的茶園採茶，我們走入寺中禮佛。

回台後看相關書籍，意外發現老師太的故事，聖慈法師中年時，曾在閔園佛教隊當小隊長，上百斤的藥材，獨自挑到山下寺廟，來回五、六十里，一點也不累，女中豪傑的封號令當地人記憶猶新。

接著再走巷弄小徑進另一個尼庵：金剛寺，這個寺中只有明光法師和她的弟子一人，過著刻苦的生活。明光法師親切地請我們吃龍眼乾，要離去時，法師告訴我：「九華山是一塊龍地，朝聖要禮拜地藏菩薩，這樣走起路來就不會累。」我謹記在心，此後行進間，我都專一持誦地藏菩薩聖號，一點也不以高高低低的無盡階梯為苦。

仁德和尚
願爲南山孤臣
誓做地藏眞子

前任九華山佛協會長--仁德和尚，是一位家喻戶曉的活菩薩，一代大師信願行證的修行風範至今為人記憶猶新。在中國改革開放的風氣打開後，仁德和尚積極推動復甦佛教信仰，發揚中國佛教農禪並重、注重學術研究和國際友好交流，為九華山佛教慧命奠下永續基礎。

高山仰止

仁德和尚出生時，天邊曾經有一顆流星滑了一下。出生之後，相貌長得很醜陋，而且特別瘦弱，額頭上面有一顆肉疙答，傳說是流星下凡留下的印記。見過大和尚的人，都說他像山，一座高聳入雲的山，瘦高的身材，濃黑的壽眉，質樸穿著，仙風道骨，具足福慧，見過老和尚的人都不得不從內心裡敬重他。

仁德法師俗名李德海，1926年6月23日出生於江蘇省泰州市白馬鄉。大和尚從小多病，剛出生時，有一個老僧人到他家跟他的父母親說，你孩子就跟著我走算了，我收他為徒。但母親並不同意，後來老和尚一離開，孩子就哇哇大哭；老和尚一來，仁德和尚就停止哭泣。老和尚說，以後孩子長大了，如果願意

出家就到我那邊去。

　　雖然老和尚小時候身體不好，但只要母親帶他去寺廟，就跑得比什麼都快，後來母親為了讓他的健康長大，只好把他留在寺廟中，11歲於太尉庵禮松琴法師剃度出家，立下「願為南山孤臣，誓做地藏真子」的悲心宏願，後來仁德大和尚一直安居在寺廟中，他曾經朝禮過禪宗六組慧能法師走過的路，也曾在山洞中修行，1957年冬駐錫九華后山九子寺，過著農禪苦行生活，人們很崇敬他的修行。

　　老和尚一點架子也沒有，平易近人，他每天清晨四點鐘起床，洗漱完畢，穿好袈裟，就到祇園寺上早殿，不論是開會還是接待客人，每每都是健步走進會客室，坐在硬木羅圈椅子上，雙腿一盤，數十年如一日。

　　老和尚一生致力於弘揚佛法、發展佛教事業；1962年開始，任佛教各級職事，在參加農業生產之餘，行醫看病，懸壺濟世，深得當地群眾的敬重。1984年當選為安徽省佛教協會和九華山佛教協會會長。

　　仁德法師十分重視僧才培養，1985年舉辦九華山僧伽培訓班，1990年恢復創辦九華山佛學院，為中國佛教界培養了大批僧才。他積極支持恢復傳統的九華山廟會，並舉辦紀念金地藏誕辰1300週年、圓寂1200週年的大型紀念活動、創辦九華山佛教歷史文物館、發起在韓國舉辦九華山佛教文物展、在新加坡舉辦九華山佛學院學僧書畫展等，弘揚九華山悠久的佛教文化。

仁德和尚未完成的心願

　　1990年老和尚應邀參加香港大嶼山天場大佛落成慶典，仁德和尚發起想為九華山建立一項標誌性工

程。1995年為緬懷九華道場的開拓者金喬覺，以及地藏菩薩「眾生度盡，方證菩提，地獄未空，誓不成佛」的偉大奉獻精神，已年過古稀的仁德大和尚發大願心，決心在這個千年道場鑄造地藏菩薩大銅像。

七十幾歲的長者幾乎為此工程幾乎付出全部心血，十多次上省城、北京的文件申請，舟車往返不說，為了銅像選址，跋山涉水，二十餘次攀登九華山大小山巒；為了工程，跌斷踝骨、傷了腰。在老和尚身體力行與堅持不懈下，終於在1998年10月得到國家批准，趙樸初佛協會長指示：「銅像要依山而建，以示地藏王菩薩儀態莊嚴……，九華山九字居多，九十九峰、九芙蓉、（九九）八十一級台階，銅像應以九十九米最好。」

然而就在大銅像主體工程即將動工時，仁德和尚卻病倒了。1999年9月9日9時9分舉行了奠基儀式，直到2001年臨終，「口必言銅像」、「事必為銅像」，臨終前伸出手顫抖地比劃著，告訴在場的僧俗二眾，一定要完成地藏銅像工程，「為法忘軀」的精神深深地撼動著每個人的內心。

慧居寺

　　走在竹林搖曳生姿的綠波小徑中，來到慧居寺，慧居禪寺已經有一千五百年的歷史，爲九華山最古老的寺廟。相傳是當年金喬覺揮撒袈裟，向閔公募得一襲袈裟之地，此外這裡也是東晉隆安五年印度僧人杯度和尚的住錫之地。

　　根據明朝嘉靖年間所編的《池州府志》和清朝編撰的《九華山志》記載，佛教眞正進入九華山大約在公元401年，也就是東晉，有一位天竺來的僧人名叫杯度，到九華山建茅篷修行，一百年後又有僧人伏虎來到九華山，建伏虎庵爲道場，在這之前，九華山一直是一個道教聖地。

　　而當年金喬覺也在此向閔公募一袈裟之地，這個故事，大家百聽不

■男觀音像為九華
一絕，供奉於九華
山最古老的寺廟–
慧居寺。

前來就齋，閔讓和的兒子因此得識
金喬覺。地藏菩薩曾對閔讓和說，
我將在九華山弘揚佛法，想跟您募
化一袈裟之地。閔公說：「九華山
大大小小的山峰共有九十九座，您
看中哪一座就隨便挑吧！何必只募
化一袈裟之地。」當時地藏以神通
力，袈裟一披，越展越大，後來蓋
盡九華，閔公被金喬覺的修行感
動，不僅把九華山都布施供養地藏
菩薩，還讓自己的獨生子跟隨金喬
覺出家，法號道明，後來他自己也
皈依了佛門，成為護法，所以現在
我們看到地藏菩薩兩邊，右為閔
公，左為道明。

九華一絕–男觀音

慧居寺原名杉木塔，主要由兩棟
建築、三個古木造殿堂組成，除前
面的大雄寶殿外，後面一棟木造建

厭...

九華山大大小小山峰共有九十九
座，方圓共一百二十平方公里，都
屬於閔讓和的地盤。閔讓和好佛，
喜歡齋僧，他每次齋一百位僧人，
總是要留一個位置給金喬覺，請他

築，年代久遠，上爲觀音殿、下爲地藏殿。最值得一看的是觀音殿中的「男觀音」，這是九華山唯一的一尊男觀音，稱「九華一絕」。

九天玄母大殿

慧居寺的另一個特色是融合佛、道兩種信仰，寺東有一座新建的「九天玄母大殿」，供奉九天玄母娘娘和二位侍者，管理殿堂的法師說，九天玄母其實也是觀世音菩薩的化身。

現在是上午十點半，在此停留稍事休息，發現殿中穿梭著許多蜜蜂，連地上也有好多，不小心的話就會踩死牠們。法師說自從修了放生池後，每天下午都有好多蜜蜂飛來這裡，這些蜜蜂不會螫人，連殿中的護法神像身上也有很多蜜蜂窩，這些蜜蜂也不會飛出來螫人，

■慧居寺為一結合佛道的寺院，九天玄母大殿為新落成的道教殿堂。

很特別。

閔園原是步行登上天台的起點，可走石階古道登高，後來纜車站建好後，來閔園的外來客就日益稀少了，尼眾法師所居住的庵堂，香火越來越淡，院落似乎逐漸淹沒於碧波竹林之間，我有如拜訪武俠小說中的高僧般，穿梭於古徑小道的古寺間，恬淡清苦的生活孕育著許多修行高人，也保有難得的修行原味。

■閔園地區的摩岩石刻

歷代名士與九華山
文天祥

朝名臣文天祥也曾留下一首九華詩作《過池州見九華有感》：

五老湖光遠，九華山色昏；
南冠前進士，北部故將軍。
芳草江頭路，斜陽郭外村；
匆匆十年夢，故國一銷魂。

宋德祐年間文天祥任右丞相，奉命與元軍談判，被扣留，解送大都，途經江西鄱陽湖入長江，在五老峰下湖光漸遠，見九華山色昏暗，時雖已是日暮時分，當然也隱喻他對於國破家亡、山河失色的心境。

章

腳印與山洞

盡日岩頭坐落花　　不知何處是吾家
靜聽谷鳥遷喬木　　閑看林蜂散午衙
翠壁泉聲穿亂石　　碧潭雲影透晴紗
痴兒公事真難了　　須信吾生自有涯
　　　　　明・王陽明〈岩頭閑坐漫成〉

006 章 腳印與山洞

古拜經台

從纜車中往下瞭望，九華山峰山外有山，九華街的寺廟與民居一覽無遺，在陽光照射的昇騰水氣中，如真似幻，如臨佛國聖地。拜經台位於天台峰下，又名大願禪林，是當初金喬覺在此拜華嚴經成就的地方，因每日拜經而留下一雙足印，因此稱為古拜經台。

出纜車站後，得步行一段石板階梯才到拜經台，難得出太陽的好天氣，寺中將棉被晾曬在窗門口，形成特殊景觀。從遠處眺望拜經台時，發現寺廟建築於一大山石之下，看似大鵬鳥斂翅低頭靜思，這就是最有特色的「大鵬聽經石」，高約二十多米。但走近一看，大鵬聽經石又搖身一變，成為慈祥的老公公。此外，大雄寶殿兩側還有對稱的兩座石峰，稱蠟燭峰。四周山形有的像松鼠、兔子、有的像大象、還有金龜朝北斗等，相傳當年金喬覺在此拜經，感召許多動物前來聽經，因而化成石頭，四周還有「仙人打鼓石」、「木魚石」，天然造物之神奇，令人嘆為觀止。另外，拜經台下方有一個觀音峰下院，寺旁有一尊「觀音飄海石」，形象逼真，也成為朝禮觀音之聖地。

地藏菩薩的腳印在大雄寶殿旁

「古拜經台」殿中，走入小小殿中就可看見地藏菩薩的腳印嵌在殿中大理石地板上。這裡就是當年金喬覺每天拜華嚴經的地方，因為每天在此禮拜，後來在岩石上留下一雙大腳印。費冠卿在《創建九華山化城寺記》中描寫金地藏：「軀長七尺，力倍百夫。」因此地藏菩薩的腳是比常人還大的，許多信眾紛紛脫鞋站在腳印上禮佛，一站到腳印上，除沁涼的石頭冷氣傳入腳心外，彷彿也回到千年前地藏菩薩在此精進拜經的場景，內心感動萬分。

■當年金喬覺每天拜華嚴經，在岩石上留下一雙大腳印，這裡稱為「古拜經台」。

無苦無道－聖明老和尚開山史

走出古拜經台，傳來住持法師欲接待我們的消息，趕緊走入客堂。一見到聖明老和尚，馬上就地頂禮三拜，聖明老和尚是一個非常慈悲

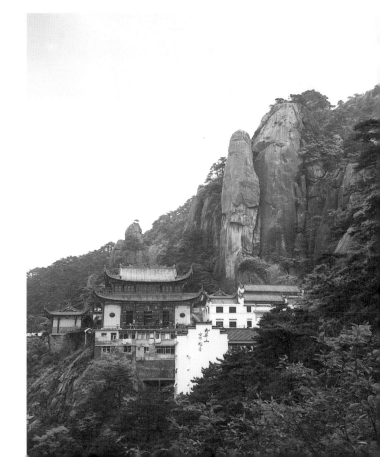
■位於大鵬聽經石下的拜經台寺院群，氣勢雄偉。

■拜經台大殿重建過後煥然一新。

■古拜經台香火鼎盛、遊客如織。

親切的長者，在談話中對於老人家辛苦開山的過程有更深入的了解。

老和尚以十八年發願重建古拜經台，他說當年來時，還只是個三十幾歲的年輕人，現在已是五十多歲的老翁了。

聖明法師：

「當年物資條件非常差，所有吃的、用的都要從山下九華街一擔一擔挑上山，生活太苦，來到這裡，連一條棉被、一隻碗、一個茶杯都沒有，那時只有三棟又矮、又破舊的建築物，滿目瘡痍。冬天大雪封山，留不住人，一度全寺法師都跑光了，只有我一人留在這裡，那時太破、太爛，連要吃一碗白菜都是太困難了。

我到這裡時，擔了五年菜、砍了五年柴、吃了五年豆腐渣。這裡只有一個破舊的大殿搖搖欲墜，有一次一百多人在大殿中拜佛，這邊剛

■頂戴釋迦佛的使命
腳踏地藏菩薩的願力
心懷觀音菩薩的慈悲

拜完，走到另一邊時，屋頂薪條就坍塌下來，非常危險。我想說出家人一定要發心發願，於是我就發一

定要把地藏菩薩拜經成就的地方、地藏菩薩的道場－－古拜經台建設好、規劃好的願。在八〇年代那時只敢發願，也不敢想是否可以了願。

九〇年代開始著手寫報告呈給師父－－仁德大和尚，師父說大殿不能撤，撤了很難重建，他說就維修吧！我說這沒辦法，樑柱已經叫蟲子給蛀空了，外面已經腐爛了，沒有根了。我跟師父商量，如果廟倒了，來朝拜的善男信女發生意外，不僅損失大、名譽也不好，為了重建，還曾帶頭不吃飯，後來師父慈悲才被我給說通了。

那時我的身體很不好，多病，砍柴、挑菜都是我一個人做，生活也沒有保障。大家都很同情我，幫我跑申請，過去交通不便，沒有纜車索道，沒有車子，去哪裡都是步

■住持聖明法師以十八年
發心重建拜經台聖地

行，我常穿著草鞋、拄根棍子就這樣到處去申請。後來規劃、設計跑了。發現沒有錢，我就把房產抵押成六萬元，然後再貸款來重建。正在做時，海內外善信都替我捏一把冷汗，大家都說太困難了，很困難。我想出家人就是要發願，只要有願心，龍天會護法，菩薩也會加持的。」

幾百萬石的砂石從山下一擔一擔挑上來，重建大殿前後共花費一千多萬元。原本這裡只有八百九十八平方大，現在有四千四百平方了，過去只有聖明法師一人，現在有常住法師三十多人，能容納四百多人住宿。

我忍不住問老和尚：「難道不覺得太辛苦了？」

老和尚收起平易近人、笑口常開的神情，語重心長地告訴我：「出

仁德院長法語
有德有才重用
有德無才可用
有才無德不用
宗行沐手書

家人本來就應該過苦日子，修行無苦就沒有道。過去我接待台灣團時，能有一碗冬瓜湯喝已經算不錯了，台灣的生活太好了，不容易升起道心。我一點都不會覺得辛苦，反而覺得理所當然，因為呀！我是跟地藏菩薩發願的啊！地藏菩薩發大願，我發小願，這裡是地藏菩薩拜經成就的地方，有求必應，非常有意義，所以我跟地藏菩薩發願一

定要重建此地。」這是聖明法師堅毅的心願。

這一席話深深印在我的腦海中，只覺得聖明法師就如同是地藏菩薩的化身，過的生活如同是當年金喬覺的苦行生活。一句不苦，打破了多少自己的貪圖享受、習慣放逸的習氣、戳破了多少容易計較與抱怨的煩惱，我不禁再向和尚頂禮，彷彿感受到地藏菩薩給我的大願加持。

言談結束，老和尚領大家到外面，一一告訴我們哪裡有什麼樣的特殊景觀、哪些又是重建的殿堂，然後親切地帶大家去用餐，這位忙碌的長者在吃飯時，行動電話響個不停，這些電話談的不是什麼重要大事，而是一句句問候的話語，老和尚都極有耐心地且很謙卑地一一答覆，和信眾完全沒有距離感，讓人感受到大和尚慈悲可親、柔和度眾的風範。

天台正頂

告別了老和尚，我們繼續往天台

■高1342米的天台正頂建有地藏禪寺，人說：「不上天台、等於沒來」。

正頂攀爬，人說：「不上天台、等於沒來」從這裡開始是階梯最多的一段，正逐漸登上標高1342米的天台正頂，大家揮汗如雨地攀爬，邊持地藏菩薩聖號，既省力又攝心，腳也不酸，可見來到九華山必到天台正頂朝聖才不虛此行。

天台峰，又稱天台正頂，雖然略低於於十王峰，但因天台是朝拜地藏菩薩的聖跡所在，所以往往將天台視為九華山的主峰。從古拜經台向上，經過十王峰下方一段弧形山路，再沿龍頭峰下的青龍背向前就到天台正頂。

活埋庵--地藏寺

峰頂的地藏寺，又稱地藏禪林，古名天台寺，坐落於天台峰和玉屏峰之間，始建於宋代。相傳金喬覺曾經禪居天台峰，有「金仙洞」遺

跡。宋朝宗杲禪師曾居於此，寫過「踏遍天台不作聲，清鐘一杵萬山鳴」。到寺前回頭一看，左有龍頭峰，右有龍珠峰，對面有十王峰，龍頭峰下為青龍背（青龍從拜經台處右側起即向上蔓延），旁有排立如

■見到「龍華三會」的摩崖石刻，即可知道已經登上天台正頂。

屏的玉屏峰。傳說九華是活的龍脈，青龍居此高處，龍珠則是牠的寶物，十王峰迎面而來，稱爲「十王朝地藏」。

寺前巖壁上，有「非人間」等巨字摩崖石刻。寺門在龍頭峰、龍珠峰間的渡仙橋下，拱形橋上的橫樑有「中天世界」四個大字。地藏禪寺雖歷史悠久，但到了明朝，古寺仍然非常簡陋，只有茅屋幾間，洪武元年，居士陳履泰捐資重建，才開始有了叢林規模；嘉靖年間（公元1522-1566），璽玉和尚住山弘法護林，幾十年如一日，直到一百一十多歲，其事蹟流傳頗廣。清康熙五十九年（公元1720），一名稱塵塵子的僧人重建天台寺，把寺名改爲「活埋庵」，清中葉以後香火才慢慢盛起來，天台峰周圍有主要四十八座寺廟，形成「天台八刹」，香火勝於化城寺和肉身寶殿。

乾隆年間詩人袁枚遊天台時對於此一奇特庵名作了一首詩：「誰把庵名叫活埋，令人千古費疑猜；我今豈是輕生者，只爲從前死過來。」其實一個修行人會把庵起名「活埋」也不難想像，一方面是把自己的形體活埋了，有隱居的意味，也有證悟的意味；一方面是意寓禪宗的「打得念頭死，方證法身生」。光緒年間又再擴建，到了民國以後，章嘉活佛曾爲地藏禪林題匾，目前該

■寺前巖壁上，有「非人間」等巨字的，寺門在龍頭峰、龍珠峰間的渡仙橋下，拱形橋上的橫樑有「中天世界」四個大字。

■修建地藏禪寺時留下的大木魚，因僧人長年敲打，木魚上還留下一塊補丁。

■天台佛殿內的木質佛像小雕像懸滿樑間，成為一大特色，多數被香火薰得烏黑，更可窺出年代久遠。

寺正進行重修擴建，公元1995於地藏菩薩聖誕破土奠基。

懸空式建築

全寺由三組民居式建築組合，橫臥在嶺凹間，東面有青龍背為屏障，南以玉屏台作牆身。殿宇底部架空，下至蓄水井。整個建築借高聳的懸崖峭壁來隱蔽，預防風寒，又十分堅固。山門在大殿山牆南面，是一直徑3.4米拱洞，深4.2米。另外，最有特色的是天台千佛殿，木質佛像小雕像懸滿樑間成為

■天台佛殿為老古寺，外表刷新、但內部仍維持舊觀。

一大特色，其中被香薰得烏黑的佛像更可窺出年代久遠。

　　公元1955，青陽縣政府撥款重修，這座寺遠原來是四層木結構的走馬通樓，長期以來，濕潤空氣和山泉流水影響，底層木板和立柱都已腐爛。為維持原貌，1980年起，動工改建。六百多噸建築用料以原始人力挑運上頂，將底層木結構改成混凝土，上面三層保存原有風格，延長原來的建築壽命。

捧日台

　　天台峰上是一個平台，古稱「捧日台」，當日出的時候，就好像把朝陽捧在手上一般，所以「天台曉日」被列為九華十景之一。宋朝左右丞相吳潛寫過《天台峰新晴曉望》：

■天台峰上是一個平台，古稱「捧日台」，當日出的時候，就好像把朝陽捧在手上一般，所以「天台曉日」被列為九華十景之一。

一蓮峰簇萬花紅，

百里春陽滌曉風；

九十蓮花一齊笑，

天台人立寶光中。

■一線天，兩塊巨大岩石並立如門，僅容一人通過，在此處看日出、觀雲海，無比瑰麗。

周贇的《天台曉日》也寫道：

捧日亭中望東海，

日射海水紅玫瑰，

千林鳥語雜簫管，

千岩花笑紛徘徊。

此處勝景為在此觀日出、雲海，五更拂曉前，佇立雲峽（註：一線天）之上，見霞光初露，雲海蒼茫，幾點峰頭如島嶼一般露出雲海面，慢慢的地平線上射出道道金光，半圓形的紅球緩緩升起，真如釋圓道所說：「曉霧朦朧鐘動處，日亭捧出一輪紅」。向南眺望有，隱約可見黃山；向北則見一線長江直奔入海。

雲峽--一線天

從萬佛樓的小門往外走，可上天台最高處-雲峽。兩塊巨大岩石並立如門，僅容一人通過，在此處看日

■心道師父在地藏中打坐片刻，起坐時有一感：「不知地藏是我，亦我是地藏，二者好像沒有分別。」師父一行到此洞中，發現洞中有無數飛蟲，師父說這些蟲子極有靈性，早期靈鷲山無生道場未建設之前，滿山可見此蟲。

出、觀雲海，無比瑰麗、壯觀，古人稱「天台曉日」勝景，為九華十景之一。

地藏古洞

十王峰多岩穴，據說有深淺、大小不同的古洞九處，因人跡罕至，至今尚未開發，不過可以到地藏古洞以償朝聖宿願。地藏古洞位於地藏禪寺後方，公元719年地藏菩薩從古新羅國來到九華山，就在此洞中閉關七十五年，平日也到天台上修行、在古拜經台拜華嚴經。

龍女獻泉

　　地藏菩薩棲息的天然石洞坐落在東崖峰西側，地藏古洞前有一口小井，還有一段「龍女獻泉」的美麗傳說。金喬覺經常在洞內宴坐，有時也會坐在洞外的巨石上遠眺雲霧飄緲的山巒，傳說他曾經在打坐時被一巨蟒咬傷，此毒蛇乃龍女所化，但金喬覺端坐無念，山神為之感動，化一美婦人前來奉藥賠禮，並言「小兒無知，願出泉以補過」說完地藏菩薩身旁頓有一口清泉湧出，地藏菩薩以此療傷，而泉水提供在此閉關之方便，這就是「龍女獻泉」傳說。

　　這口泉水稱為龍女泉，如今許多善信將硬幣投入井中許願，點點金光閃耀其中，為傳說再添聖跡。

　　走到地藏洞中禮佛三拜，遙想當

年地藏菩薩在此高山洞中苦行，唐至德初（公元756）鄉紳諸葛節等結伴登山，見金和尚在石洞中閉目修行，身旁有一折足鼎，鼎中飯為少許米加白墡土煮成，巖棲澗汲，金喬覺以此為餐，苦行十餘年，修行生活十分艱辛。金地藏若非有大毅力，是難以在這困苦環境中修行的，頂禮時發願，願效學地藏大願精神，發菩提心，廣利有情。

東崖禪寺

傳說金喬覺常於崖上晏坐，宴坐的地方人稱「宴坐岩」，到了明代，王陽明也經常在此處宴坐，他的好友潑皮和尚周經見地勢不錯，就把原有

的亭堂擴建城寺，取東崖為名。東崖宴坐因為有金喬覺和王陽明前後呼應，成為九華十景之一。

東崖原名為東峰，與祇園寺、甘露寺、百歲宮並列為九華四大叢林。東崖上有一巨石橫陳，有如一片飛來的黑雲，稱為「飛雲石」，因其形狀如船，又稱「雲舫」也叫「東岩」，這塊石頭就是宴坐石。王陽明有一首〈岩頭閑坐漫成〉：

盡日岩頭坐落花，不知何處是吾家；
靜聽谷鳥遷喬木，閑看林蜂散午衙。
翠壁泉聲穿亂石，碧潭雲影透晴紗；
痴兒公事真難了，須信吾生自有涯。
周贄也寫了一首〈東岩宴坐〉：
苔生翠碧石岩懸，坐境雲峰九朵蓮；
梅月夜浮香雪海，桂風秋散雨花天。
灰飛有劫空成佛，累俗無心醉挾仙；
杯酒酹神祈降岳，寸長出世應星躔。
清代時陸續擴建，有大雄寶殿、
萬佛樓、地藏殿，具有叢林規模，
改名為「東崖禪寺」。1920年心堅和
尚又在東崖山下興建一座寺院，東
崖寺分為兩處，分別稱上院和下
院，1933年上院毀於大火，1940年
下院毀於兵燹，如今都已經重建，
現在的模樣是在1994年重建的。

幽冥鐘亭

一座二層的「幽冥鐘亭」因慈明
法師過去在此撞鐘，最後成就肉身
菩薩而聞名，小亭雖不起眼，但是
鐘聲嘹喨，有「上徹天堂、下通地
府」的聲勢，亭上一匾書有「佛法
無邊」金字，亭下毛筆簡單寫著
「幽冥鐘亭」。亭的四面是白牆，門
內一位老和尚在此終年敲鐘，在寂
靜的山間，鐘聲聲聲擊破群山寂
寥。

轉個彎沿著石階上來到一個亭
子，寫著「東崖禪寺」，正是上海龍
華寺明暘法師題贈，在此暫時歇
腳，靜坐須臾，望著氤氳山勢，清
風徐徐，果然人生無復所求。

往上走幾階就是大殿，建在東崖
顛峰上，從亭邊望去可以看到殿基

搭在巨石之上，蔚為奇觀，大殿門口書一匾「東崖雲舫」，因為從遠處遙望正像是雲中的一艘舫一樣。東崖地處極高極靜處，也難怪金喬覺會選擇在此處靜修，遙想當年一人處此深山寂靜處，其修行甘苦是何等風光！

■因慈明法師過去在此撞鐘，最後成就肉身菩薩而聞名，小亭雖不起眼，但是鐘聲嘹喨，有「上徹天堂、下通地府」的聲勢。

歷代名士與九華山
王陽明

明代大儒王陽明曾經兩度遊覽九華，在史上留下「陽明打坐」的軼事，與「太白聯吟」齊名，名山與名人相得益彰。王陽明第一次遊九華是在弘治十五年〈公元1502〉任刑部清吏司的時候，因奉命到江北視察，事畢後繞道九華山，他是從池州入五溪，沿著山徑登高，攀到現在的九華街，留宿在化城寺和長生庵，遊覽了雲門峰、蓮花峰、東崖峰。第二次登山是在正德十四年，相隔將近二十年。宸濠之亂以後他出任南京兵部尚書，與弟子諸秀才等人同遊九華，作有《九華山賦》，詳述遊蹤。此次進五溪時適逢三月天，桃花夾岸，微雨路滑，但山迴路轉，景緻淒美，他除了重遊舊地，也遍覽九華山景。

王陽明兩遊九華山詩作多達五十五首，後人把他收入《九華山志》，其中不乏吟詠山景的佳作，像：「九華之峰九十九，此語相傳俗人口；俗人眼淺見皮膚，焉測其中之所有？」，此外他還嫌李白對九華的讚譽不夠細緻，希望王維能來畫上一幅九華山景：「從來題詩李白好，渠于此山亦潦草；曾見王維畫輞川，安得渠來拂纖綃。」

王陽明因為在九華流連數月，結識了不少僧道奇人。第一位是實庵和尚，陽明先生第一次遊山就是住在實庵和尚當家的長生庵，和尚對九華山景熟悉異常，兩人經常結伴出遊，一天，王陽明心血來潮即興為實庵和尚寫了一首散曲式的素描：「從來不見光閃閃氣象，也不知圓陀陀模樣；翠竹黃花，說什麼蓬萊方丈。看那地藏王好兒孫，又

生個實庵和尚。噫！那些妙處，丹青莫狀。」對於和尚推崇備極，由於王陽明此一題贈，使得實庵和尚一時之間名重禪林，不少人從各地紛來請法。

另一位是隱居在東崖峰堆雲洞的苦行僧，沒有名號，據說他已經修到不食人間煙火食，他與王陽明一見如故，兩人從宋明理學談到祖師西來大意，無不契機。王陽明稱他是「會心人」，也就是已經心開意解悟道的人。還有一位叫做周經的和尚，他常與王陽明在石上對奕，傳說九華山上有一塊「棋盤石」就是兩人下棋的石桌。王陽明為他留下一首「周經和尚偈」，偈中寫道：「不向少林面壁，卻來九華看山；錫杖打翻龍虎，只屐踏破巉岩。這個潑皮和尚，如何容在世間。呵呵，會得時與你一棒；會不得，且放在黑漆桶裡偷閒。」此偈後來被刻在東崖石壁上，因此人稱周經為潑皮和尚。陽明先生在山上還結識了一位道人，這道人蓬頭垢面，專擅神仙道術，有一次王陽明向他請教道術，他笑說：「你還沒有忘記做官哪！」言下之意，還有名利心就無法近道了。王陽明益加好奇，後來自己轉而鑽研接觸道家之術。

王陽明在九華山經常學金地藏苦修模樣，竟日宴坐東崖峰東岩石上，由於他被貶官，朝廷仍派有錦衣衛隨時盯梢。今山上的「宴坐石」旁邊還有一塊「錦衣石」，相傳就是錦衣衛跟監坐在一旁的石頭。陽明先生逝世後，他的弟子和青陽縣令在化城寺建堂紀念，正堂題有「勉志」二字，堂後建有「仰止亭」，諭其德行高潔如高山仰止，紀念堂稱為「陽明書院」或「陽明祠」，清末時被戰火焚毀，抗日戰爭時石坊文物也蕩然不存。

7章 拜訪
百歲公公

老叟形骸百有餘，幻身枯瘦法
身肥，岸頭跡遺失摩邊事，洞
口言來格外機，天上星辰高可
摘，世間人境遠相離，客來問
我歸何處，臘盡春回又見梅。

明‧無瑕和尚

005章 拜訪百歲公公

無瑕和尚
(公元1500-1626)

從天台搭纜車下山後，是午後兩點，陽光炙熱，似乎烤得大家都不想動了。我們決定先回飯店一趟，阿哲要換電池、書維要拿底片、我則要卸下過重的背包。在纜車站和朝聖團相遇，他們正排隊上纜車，大家互相問候鼓勵一番，繼續上路。在飯店大廳休息了半小時，我們就打起精神走往另一個上百歲宮的纜車站。

百歲宮之所以聞名於世，緣自於寺中供奉著一尊明朝至今的肉身菩薩——無瑕和尚。唐代金喬覺被認爲是地藏菩薩的第一世應身，明代無瑕和尚則被認定爲是地藏菩薩的第二世。百歲宮是他的修行地，也是供奉他肉身的寺院，當地有一句話說得好：「不到百歲宮，等於一場空」地藏菩薩的肉身如今難以得見，但「百歲宮的應身菩薩」卻是人人可親見，因此到九華必上東峰拜訪百歲公公。

無瑕和尚生平

九華山插霄峰（東峰）頂，有一座城堡式的廟宇，走馬通樓五層，

■無瑕和尚金身。無瑕和尚有一親切的暱稱─百歲公公，其傳奇故事為人稱頌。

百歲宮旁有一新建「五百羅漢堂」，四週牌坊上書有各式詩詞。

建築在渾圓絕大的崖體上，巍巍凌空，一覽眾山，本名叫萬年禪林，可是人們都習慣稱其「百歲宮」。

百歲宮位在摩空嶺上，又名萬年寺，始建於明代，在明萬曆以前只

有一個亭子，叫「摘星亭」。有一個五台山的無瑕和尚名來此修行，「初住東岩摘星亭，見獅子山左右，有龜蛇供護之狀，遂卓錫焉。」

無瑕和尚出生於順天苑平（今北

京蘆溝橋），是家中獨子。二十四歲時，在山西五台山出家，法名海玉，在五台山住了二年後離山，二十六歲那年的二月份出發朝山，直到九月二十四日，方才到九華山，但上山四十多里後，不見廟宇和僧眾，亦未見人跡。

海玉心中有異，下山探訪鄉民，始知唐朝年間，九華山佛教興盛，廟宇林立，但至唐末，因當時皇帝信奉道教，迷惑於方士之言，故於一年之內，把九華山全部寺廟拆光，又將所有僧眾趕下山去，故此山有四百多年沒有僧尼。

海玉四處探問唐朝歷史，得知在唐朝中期，有新羅王子——金喬覺航海東來中國九華山修行，金喬覺卓錫九華，初棲東崖，白土染粟而食，邑人諸葛節等，為建化城寺居之，貞元十年，九十九歲，跏趺示寂。因靈異昭著，識者以為是地藏菩薩化身，殮以缸葬，造塔於神光嶺。

海玉問鄉民：「地藏王的肉身存在否？」

■百歲宮原為無瑕和尚來到此修行的地方，名為「摘星亭」，後無瑕和尚住此百年修成肉身菩薩後，寺名改稱「百歲宮」。

■民國政府黎元洪巧思，題寫「欽賜百歲宮　護國萬年寺」匾額。百歲宮的「宮」字從「百歲公公」的「公」諧音而得，一語雙關，意義深遠。

鄉民說：「出家人把地藏王的肉身埋在東南第一山上，即神光嶺的九華山肉身殿。」

海玉聽後決定留在此修行，再次上山探看山頭地勢，不久找到一處

龍頭石，上咽下喉都對著地藏王菩薩塔墓。於是在龍頭石邊搭一茅蓬修行，稱為東崖摘星亭，茅蓬稱摘星庵，從此和尚在此苦行，以山頭野果、黃精、白荷、丹生、葛雞為食。

無瑕和尚在九華山上修行整整一百年，他從未下山，住世一百二十六歲。天啓三年（公元1623）九月十四日上午，修行證道，臨終口占一偈：

老叟形骸百有餘，幻身枯瘦法身肥，
岸頭跡失摩邊事，洞口言來格外機，
天上星辰高可摘，世間人境遠相離，
客來問我歸何處，臘盡春回又見梅。

自在圓寂後，華嚴血經和百年自傳都在身邊。

九華山自唐貞元十年闢為地藏菩

薩道場以來，鼎盛時寺廟達三百餘座，縱觀九華歷史，唯見萬年禪林這座寺廟稱「宮」，其中是有原因的。無瑕圓寂後崇禎皇帝做了一個夢，有個和尚託夢希望重建此庵，於是派兵部尚書王大人到九華山敬香，到東南第一山後，當晚山頭放光，一道白光照到東南山上的塔墓，東南方山上塔墓也放一道光，

■應身菩薩匾額為明朝崇禎皇帝所賜封

■大殿內供奉華嚴三聖，中為釋迦牟尼佛

兩光對照。王大人大驚，連夜帶人上山，此山無路無廟宇，只尋得摘星亭有一老人，已經坐化了，遺體顏色如生，只是乾了，檢查遺物都已腐爛，從身旁的血經和身世自傳，方知離坐化時間已經有三年九個月。

王大人把這份自傳呈報崇禎，崇禎稱嘆海玉和尚為大菩薩化身，是地藏王菩薩乘願再來，公元1626，

■深山，古廟，老僧。東苑清淨，古刹深院，精舍淨潔。出污不染，九華聖山。

崇禎敕封無瑕和尚爲「應身菩薩」，尊奉他是地藏菩薩又一應化，爲他裝金龕供，並贈塔名「蓮花寶藏」，題匾「爲善最樂」。崇禎玉璽，正堂上有九條龍，世稱「百歲公公」。慧廣和尚接著造佛殿、造戒堂、立方丈，安單接眾，易庵爲寺。至此，來頂禮膜拜者接踵比肩，摘星庵的名字漸爲世人淡薄。

百歲宮廟名的由來

清康熙五十六年（公元1717），寺廟毀於大火，1721年住持僧三乘重建，皇帝派人修造上山的石板路，又送一部《大藏經》；清道光十九年（公元1839），僧眾於摘星庵建築藥師殿，增設寮房，擴大規模，開壇受戒，刻碑冠其寺爲「萬年禪林」，無瑕和尚的肉身移至殿內供奉。但因民間習慣稱百歲公，因此一般多稱此寺爲「百歲宮」，「萬年禪林」的名字依然不爲人們重視。

清光緒五年朝廷頒賜《藏經》以後又陸續擴建，使得萬年禪寺成一座依山就勢，高五層的走馬通樓建築，白牆黑瓦，樸實素雅。光緒末再次遭火，幸虧及時撲滅，未造成重大損失，肉身和明清帝王所賜的金章、玉印和《華嚴血經》都完好

無損。

　民國時，北洋軍閥大總統黎元洪上九華山，見人們習慣稱萬年寺爲百歲公，靈機一動，題寫「欽賜百歲宮護國萬年寺」的匾額。百歲宮的「宮」字從「百歲公公」的「公」諧音而得，一語雙關，意義深遠，這座寺廟也稱之爲「萬年禪寺百歲宮」，與祇園寺、東崖寺、甘露寺同爲九華山「四大叢林」。

皖南民居式寺廟

　百歲宮是典型的皖南民居式寺廟，五層樓高的建築體融合山門、大殿、肉身殿、庫院、齋堂、僧舍、客房和廁所爲一體，恰似一通天拔地的古代城堡。這種建築方式在中國寺院建築終極少見。

　佈局充分利用由南向北下跌的坡勢，樓屋由低爬高，層層上升，形

■民國時，北洋軍閥大總統黎元洪上九華山，題寫「欽賜百歲宮　護國萬年寺」的匾額，百歲宮的「宮」字從「百歲公公」的「公」諧音而得，一語雙關，意義深遠。

■無瑕和尚的閉關洞，文革時，無瑕和尚的肉身被藏在這生前的閉關山洞中達十一年，因而倖免於難，現洞中有無瑕和尚的金身塑像。

■百歲宮大殿內左方有一口兩千斤的大鐘

成曲折多變的迷宮。從大殿外看只是一層樓，大殿東側有兩層樓高，但從後門看，東牆就有五層樓高，而屋頂沒有一般寺院的飛簷翹角，只是一個完整的皖南民居式天井四落水頂。內部四個樓層到處可見巨石橫陳、盤石鑲嵌，岩石與建築、建築與山峰達到完美結合，巧奪天工，令人嘆爲觀止。

寺門前，兩邊平房對稱，中間小院落四邊牆上鑲砌著清雍正、乾隆年間的碑刻十餘方，有詩刻、賜《藏經》、修寺院，捐獻「功德」等碑記石刻。西邊一排平房爲香積廚、庫房等，東邊平房則鄰崖而建。

大殿中有「九龍戲珠藻井」，殿中佛龕建於岩石上，中間是釋迦牟尼佛，左爲騎青獅的文殊菩薩，右爲騎白象的普賢菩薩，四周圍繞廿四

諸天，此種佈局與一般大殿四周圍為羅漢群像不同進入大殿左邊有一口兩千斤的大鐘。

由大殿側門可進入供奉肉身的殿堂，肉身菩薩吸引了每個朝聖者的目光，明朝至今的無瑕和尚如今頭戴蓮花寶冠，身披朱紅袈裟，瘦骨如柴的身軀，面容安祥，神態自若，兩腿跏趺交盤，兩手橫舉胸前，據說就是體現「摸得人心一樣平，方將佛手雙垂下」的悲心願力。

在百歲公面前，「南無阿彌陀佛」的佛號聲從收音機中流暢而出，我瞻仰著肉身菩薩，細細思索，無瑕和尚留給後人的啟示，除了精進修行以得解脫生死大病外，別無其他。每個人一生寄居其中的肉體，除了可以用來修行之外，還可以用來見證真理，這條路畢竟只有親自從中走過，才能體會到其中的不可思議。

百歲公公的手為何平舉當胸

百歲公的雙手為何平舉當胸，也有一則傳奇故事，話說清時百歲宮失火，火勢越來越大，眼看就要燒到百歲宮了，寺中兩位師父欲把肉身和尚請到外面避火，但卻怎麼也搬不動，情急之下，師父們跪在和尚面前說：「崇禎為您老人家建的廟宇，將失於我們之手，您老人家的真身，今天也將損失；我們雖然不忍，但是倘若您不走，大家也都不走了！」正說時，煙火四起，這時和尚顯靈了，他雙手突然翻掌連肘提起，外面馬上風向轉變，並下了一場大雨，大火即時熄滅。大殿不但沒有燒著，伙房也

■華嚴血經為無瑕菩薩用廿八年，刺了自己的舌頭和手指頭，放血抄的《大方廣佛華嚴經》，共有八十一卷。

沒有燒到，其他殿堂則全部燒光。從那時候起，肉身菩薩像便是維持著當年滅火時雙手提起的姿勢，一直保存到現在。

華嚴血經

九華山最珍貴的鎮山之寶，莫過於無瑕菩薩用廿八年，刺了自己的舌頭和手指頭，放血抄的《大方廣佛華嚴經》，共有八十一卷，全文寫在宣紙上，字體工整，一絲不苟，非常莊嚴，從此處可看出老和尚的修行功夫。

當年無瑕和尚在此閉關時，以黃精為食，可保持七天不覺餓，有氣力又有精神。刺舌出血，以血書寫《大方廣佛華嚴經》，每隔二十天放一次血，放了廿八年，寫成八十一卷血經。這部《血經》成書非常講究，全部經文均寫在六十釐米的經白宣紙上，每行抄寫十五個字，字體工整，風格統一，從開篇到結束，一絲不苟，非常莊嚴，每精心抄寫之後粘合十五頁拆成六十頁，外用素綾裝裱，薄樟木粘作封面，貼《大方廣佛華嚴經》書籤，成書一卷。

海玉圓寂至今已經三百七十九年，崇禎時的肉身至今也已達三百七十六年，但現閱此血經，字體仍然清晰端正。《華嚴血經》一脈單傳保護下來，最後由印空法師交出獻給九華山歷史文物館，成為鎮山之寶，中國也評定為「國寶」，七十八卷目前典藏在北京故宮，現在九華山歷史文物館裡則珍藏著三卷。

百歲公的地窖

除了頂禮肉身菩薩外，小袁接著帶我們往殿後階梯下走去，小樓梯

下方接到屋外狹長型小院中，依山
而建的寺廟下方，岩壁上竟有一處
無瑕和尚生前的閉關山洞。我在這
小山洞中頂禮無瑕和尚的塑像，午
後陽光強烈，強光也射進小山洞
中，灰塵寂靜地在陽光中翻騰飛
舞，時間好像在此時停止了。

　文革時，無瑕和尚的肉身被藏在
這生前的閉關山洞中達十一年，因
而倖免於難。從洞口往外望，一覽
無遺群山和山下的九華街，無瑕和
尚生前在此吃野生黃精度日，放血
抄《華嚴經》，過著平實的閉關歲
月，山洞最後還成了保護肉身的地
方，如今洞內無瑕和尚的塑像靜靜
地在此面外，一如生前。無論肉身
生滅，世事變化，對無瑕和尚來
說，應該是數百年如一日吧！

　1966年8月，掃「四舊」浪潮席捲
九華佛教聖地，清末和民國期間的

■五百羅漢堂內金光閃閃的羅漢塑像，每一個造型都不同。

五尊塑金肉身先後在祇園寺、甘露寺、翠云庵（吊橋）、龍池和水府廟慘遭破壞，僧人含淚焚燒無遺。僧眾正擔心無瑕大師的肉身是否也會被毀，果然上面來一道命令，傳佛教生產隊的惟能、悟廣和普光三比丘上百歲宮焚燒無瑕金身，三個出

家人，知道不能褻瀆無瑕大師，便商議將無瑕金身移到山洞中保藏好。底下填以磚頭，把應身菩薩肉身放在坑中，兩顆寶印放在他的腿上，頭頂上再撐兩根鐵棍作支柱，用石板蓋好，再覆以泥土，兩塊匾額和血經、自傳都藏在天花板的瓦

溝裡。接著，他們在百歲宮普同塔前燒起柴草，熊熊火光的假象總算交差了事，三人甚至因而受到表揚。

直到1977年推行改革開放政策，訂出了一系列將九華山按唐代式樣修建的計劃。據聞「唐朝佛法興盛時，有三百八十多座廟宇，七千多僧眾」；因此指示地方政府將唐代九華山的八本山志整理出來，這樣唐朝的歷史就清楚了，於是一些從二聖殿到山上的公路，以及沿途有損壞的廟宇與佛像，都訂下逐步修復的計劃，就在一片計劃聲中，普光和尚藉機匯報說：「在文化大革命初期，我們把應身菩薩藏在土中，如今已達十一年了，不知和尚的肉體還在不在？」與會人士大驚，1977年10月，將無瑕和尚的肉身從土中取出重見天日，大家驚訝

■百歲宮旁的五百羅漢堂為兩層樓建築，二樓供奉五百尊羅漢。

地發現當初遮掩和尚的磚頭、鐵棍均已碎銹，石板和泥土埋壓在和尚身上，但和尚還是完好無損，應身菩薩肉身消息外傳後，1978年為和尚貼金，裝龕供奉，2001年就曾為他貼了三次金。無瑕金身在文革期間沒有遭到劫難，是眾生的福德，肉身菩薩因此成為九華山上的一顆瑰寶。

走出百歲宮的正門，陽光暖暖地照著，我似乎沉浸在地藏菩薩的慈光中，整個人似乎變得輕鬆安詳。這裡的景緻優美，九華山的主峰歷歷在目，蓮花峰、天目峰、五老峰、天台峰也都盡收眼底，這份平實的修行歲月相信此後還是會持續好幾個一百年吧！

百歲碗

離開百歲宮後，轉往旁邊的新建築「五百羅漢堂」朝拜，看到大門旁的功德處有幾只百歲碗，引起我們的注意。

清朝末年，當時百歲宮裡的僧人非常窮，窮到都沒有碗吃飯了，無瑕菩薩化成了一個老和尚到江西景德鎮去化緣，坐了七日七夜不說話；廠裡的人問和尚要多少錢造廟，和尚說：「我不要錢，我只要一隻筆、一只碗；我想寫幾個字在碗上，放在你們廠窯裡燒幾個字。」結果出窯時，所有的碗上都有《九華山百歲宮》這六個字；他們一點數，共八千四百隻。

後來窯主想，普賢菩薩十大願行

之中有一願是「隨喜功德」，是否應
該把所有的碗都捐給百歲宮呢？他
決定來朝拜一下應身菩薩，結果發
現無瑕菩薩的法相竟和老和尚一模
一樣，這才知道老和尚是無瑕和尚
化現，於是這八千四百隻碗就全送
到百歲宮了。這些印字的碗，出家
人都討去留作紀念，解放時還剩下
二千多隻，目前佛教會尚存一百隻
左右，今九華山文物館展出的便是
其中的兩隻碗。

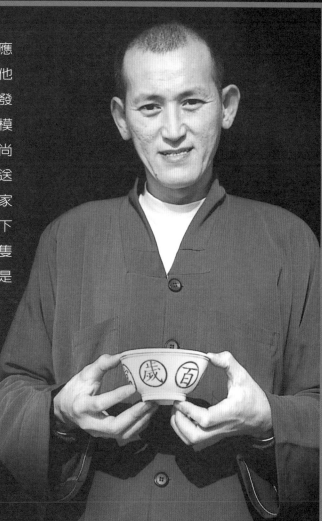

歷代名士與九華山

周贇

清朝光緒年間青陽縣有一位舉人，時任青陽縣的教諭，他博學多才，能詩能畫，他就是主持編纂《青陽縣志》和《九華山志》的周贇，字蓉裳號山門，王陽明在九華山留下的詩作《陽明先生九華詩冊》也是他所編，並繪有《九華山水全圖》。他把九華山歸納出十景，寫有

十景詩傳世，著有《蓉裳文稿》。

　　當時高麗國派遣貢使趙玉坡來九華山禮拜地藏菩薩，青陽縣就派出周山門接待，兩人同遊九華，共拜菩薩，建立了友誼，周山門作有《贈高麗貢使趙玉坡》七律，趙玉坡也作了《次和周山門廣文同遊九華原韻》回贈，兩人詩句對仗唱和，用典貼切，饒富情趣。

周詩：訪道江南景物新
趙詩：到處看山耳目新
周詩：九華地藏認鄉親
趙詩：中華一脈本原親

　　當然周贇傳世最有名的還是《九華十景詩》其中《九子泉聲》更寫成「寶塔詩」形狀，可合讀成一寶塔，也可拆讀成兩座寶塔，融合藝術和可讀性，耐人尋味：

泉、泉
滴瀝、澄鮮
透沙石、滌雲煙
一瓢飲處、九子岩前
雪飛千尺練、冰裂七條弦
夜靜遠聞蓮漏、雨餘怒作濤喧
鶴露松風聲許和、高山流水調相連
辟世枕之為吾洗耳、大旱用汝代龍行天
萬古源頭活水來不竭、銀河一瀉到海茫無邊

008

不死之歌

華東華西山水佳　　吾將遺身棲紫霞
受籙步虛朝玉闕　　秘要駐顏餐胡麻
今樽瑤琴響幽壑　　古澗清泉流落花
須知遼海還丹客　　愁向人間問歲華

清‧喻成龍

|008 章 不死之歌

告別了百歲宮，再搭纜車下山，繼續參訪兩位肉身菩薩。

我們抄小路走回昨天傍晚來到的肉身寶殿，一口氣再爬上許多階梯，趁著寺院未關門時走入地藏禪寺中，八百斤和尚--慈明和尚的肉身玻璃龕就在大佛像左側，上前恭敬頂禮，工作人員正研究著如何拍攝。

因為經費籌措不足，慈明和尚並未裝金，只是薄薄地塗上一層深褐色外漆作為保護，肉身著黃色海青，搭紅祖衣，端坐於玻璃龕中，但玻璃久未擦拭，又加上陽光從高處窗照射而下，產生強烈反光，完全無法拍攝。不過最難的是寺中不允許肉身菩薩被拍攝，在評估種種主、客觀因素後，我們決定搶時間繼續趕往下一站，拍攝下一個肉身菩薩--明淨和尚。

肉身菩薩傳奇

八百斤和尚
（公元1904-1994）

■因為經費籌措不足，慈明和尚並未裝金，只是薄薄地塗上一層深褐色外漆作為保護。

慈明和尚，俗名陳萬超，字福如，法名道參，江蘇高郵人，光緒三十年（公元1904）生，誕生之日，滿屋異香，法雲縹緲，足有三日，方漸漸散去，其父及周圍鄰里視為吉兆。

他從小深受佛法薰陶，僅六歲便獨自走進本縣菩提寺，依當年少林寺武術教頭了慶禪師名下習武，因「父母在不遠遊」，順從母意在家住守三年，終因佛緣深厚，重返菩提寺懇求了慶禪師剃度出家，法號慈明。

1934年慈明和尚在南京龍潭寶華山隆昌律寺求受具足戒。1937年依楊州高旻寺來果老和尚名下參學，得來果老和尚賞識，委以行堂、知客、寮元、當家等職。其間十幾個寒暑中，他潛心致志鑽研禪宗，修持精嚴，自悟穎然，戒行過人。

當年江蘇邗江縣瓜州鎮政府召集民工興修水利的時候，慈明和尚挑起滿滿的兩筐土，很多老百姓看到他不尋常的架勢，非常驚訝，就用桿秤把秤了兩筐土，結果足足有八百斤重，在慶功會上，江蘇省邗江縣、瓜州鎮的人民政府頒給他一面獎旗，獎旗上就寫著「八百斤」三個

■當年江蘇召集民工興修水利時，慈明和尚挑起滿兩筐土，老百姓用桿秤把秤了兩筐土，結果足足有八百斤重，從此「八百斤和尚」雅號享譽瓜州，馳名蘇南。

字，從此「八百斤」雅號享譽瓜州，馳名蘇南。

1981年他到九華山，隻身住東崖幽冥鐘亭守著九華山最大的幽冥鐘，發願撞鐘三年，而且是每隔三十分鐘就撞鐘，念佛不止。另外，每天早上三點半要撞一○八下鐘，他希望人們聽了鐘聲可以忘卻一○八個煩惱，另外每撞一次鐘，地獄之門將會開一次，地獄眾生聽到鐘聲也可以離苦。

1986年慈明和尚轉往上禪堂正天門禪定，戒律分明，一絲不苟，每每見他手執方便鏟，助人為樂，瀟灑自如的僧人風貌，為九華山僧俗二眾所稱讚。

1991年10月，慈明和尚八十八歲，心有預感，傳行腳僧大弟子德貴和尚從祁門來上禪堂。11月26日與之交代後事，念了一首偈子：

「忘我戒生靈，是如不變遷，真持亦放下，誰住嘆空也」接著又低聲說：「孝徒德貴呀！老衲圓寂裝缸封存，三年六個月後開啟，若見法體未腐，將其肉體真身安座」話音一落，含笑示寂，世壽八十六歲。

三年零六個月過後，時值九華山甲辰年地藏王菩薩法會，當時天氣炎熱，不宜開缸，推選至農曆乙亥年浴佛節4月初8（公元1995年3月8日），開缸這天，九華山管理處和佛教協會高度重視，很多僧人趕來瞻仰。慈明和尚一如往日，跏趺端坐，肉身未腐，毛髮無損，鬚眉如初，喉節可辨，果呈端相，只是袈裟腐朽，佛珠散落一地，周圍異香樸鼻，仔細看去光彩照人，供養在月身寶殿北側地藏禪日內，日後將規劃建造慈明肉身殿。

明淨禪寺

　　這是朝聖的最後一站，大家勉強
支撐著最後一點體力，朝明淨禪寺
走去，正當我們在大馬路上趕路
時，一車陣經過大家身旁，為首的
車子還對我們輕鳴喇叭，正想著這
是何人時，就看到心道師父，手伸
出車窗外對我們招手。雖然不到一
秒鐘，師父就與我們擦肩而過了，
我還是非常高興地跟大家說：「是
師父耶」！疲累再度一掃而空。這
是第二次了，記得昨天下午來到九
華山，結束拍攝工作，走回去時也
碰到師父的座車，師父也伸手跟大
家打招呼，現在又碰到了，我想師
父是來鼓勵我們的吧！正想著，我
們已過馬路走到明淨禪寺。

　　顧名思義，明淨禪寺「應該」也

上，外頭小院中，三位老尼師正在互相剃頭，走進大殿一見佛像與肉身菩薩，馬上上前頂禮、發願。直覺這個地方好小啊！就連明淨和尚的坐缸也只是不起眼地放在一邊的牆角。不過仔細端詳明淨和尚的面容，卻發現明淨和尚和其他肉身菩薩頗不相同，他的嘴角輕輕上揚，露出一個令人看了心裡會跟著暖起來的笑容。

明淨和尚是距離我們最近的一位肉身菩薩，1999年九月才啓缸，可

是一座寺院，但直到走下路旁小土坡才發現，明淨禪寺正計畫興建，現在只有奠基而已，尚未動工，暫時供奉明淨和尚的肉身是一處小小的院落。走進小得不能再小的大殿，外頭的夕陽正以溫柔的蛋黃色光亮灑進來，蒲團上有二隻剛出生不久的小貓咪，舒服地盤在拜墊

說是非常「新」，他的坐缸就在一旁。細細端詳老和尚，發現明淨和尚嘴角掛著一抹淡淡的微笑，似乎正親切地招呼著我們：「你們來了，進來休息一下吧！」非常慈藹可親。

老和尚收的弟子都是尼眾法師，禮完佛後，向寺中的法師說明來意，希望能拍攝肉身菩薩，回台作為宣揚九華山之用。但很可惜的是，寺中的老法師不管我或小袁說破了嘴，還是不同意。我決定試試看，先來個拖延戰術，再邊想辦法偷拍或再請求拍攝。我央求大弟子心蘭法師講明淨法師生前的修行故事給我們聽，心蘭法師一說到師父的修行，就如同打開話匣子，滔滔不絕，我一邊困難地辨別濃厚口音，一邊則希望工作人員能抓住機會，順利地拍攝到肉身菩薩。

不過很無奈的，一直到投了供養金之後，老法師還是不答應。後來只好放棄，想著好吧！就收工了，再回去翻拍宣傳小冊子上的照片，想著，好吧！其實當下我頗自信滿滿地想工作人員應該有偷拍到吧！

天色漸暗，在走回飯店的路上，才知道他們都沒有機會拍到，殿內

■這對金銀婆婆帶著自己手折的紙蓮花，到明淨禪寺朝拜。

有心蘭法師守著、殿外有其他法師看顧，沒有任何機會。「啊！難道只有我拍到嗎？」剛我在院外往裡拍，大家好像有拍到一兩張，當場要求再折回去，不過實在太累了，我的提議大家並不採納。

邊走邊想：「不對，不能就這樣回去，應該再回去試試看，而且不管有沒有拍到，重要的是，都應該以心道師父的名義捐一筆功德金幫忙寺院蓋新大殿，這似乎是明淨和尚要我們做的事呀！」此時，夕陽只剩一抹餘暉，快六點半了，很抱歉地再次請求大家走回去，沒想到這次工作人員竟然都同意了，一行人再度折回明淨禪寺。

這回我們在院中遇到另一個法師，請她再告訴我有關明淨法師的故事，相機與攝影機都在拍攝她，我則試圖引導法師站在小殿門口，這樣就可以趁機特寫肉身菩薩。在通力合作下，我們終於勉強拍到了幾個畫面，但也因緣和合，多聽到了許多明淨和尚的特殊修行事蹟，深受感動。

此時，小袁則到齋堂與心蘭法師溝通希望能讓我們進殿拍攝，後來我也再向法師請求，無奈法師還是不同意。最後我們如願地捐了功德金才告假離去，原本不太和善的法師後來因為感謝我們，直送我們走出寺門。這時，天色已經全暗，一輪明月不知何時已高掛天際，滿天星星一閃一爍地，四周進入清涼的夜色中。我邊走邊想，明淨和尚一定看到了這一切，而且要我們做了應該做的事。

肉身菩薩傳奇
站和尚
(公元1928-1992)

■這張明淨和尚的照片是千辛萬苦拍得的畫面。

明淨和尚，俗名徐方柱，西元1928（民國17）年3月出生於安徽省郎溪縣東下鄉雙橋村。祖輩信佛，三歲喪母，家境貧寒，不茹葷腥。四歲發願度眾生，從小幫人家放牛、打短工，掙些錢糧補助家中開銷。出家前，就常自行打坐，有時入定了，旁人喊都喊不醒，多人不解，認爲他著了魔，或打或踹，或把他捆綁起來阻止他入定。可是，任憑家人阻止不歇，也改變不了他生來素食，不茹葷腥，打坐入定，學佛學法的決心。

他爲人心地善良，慈悲爲懷。每逢天旱不雨，見別人田裡的禾苗，因缺水而枯萎，就連夜悄悄的把自家田裡的水放給別人灌苗，對方知道了，非常感動，一傳十，十傳百，傳遍了四鄉八里，都認爲他有

■明淨和尚圓寂時留下千古微笑，勉勵後學精進向道。

菩薩心腸。

　　1984年徐方柱從家鄉步行到郎溪縣城，乘車到九華山，問他到九華山做什麼？他說，遇到什麼就做什麼，最好是「燒大爐」（指在大廟裡當香燈），他留心看過九華山幾個大廟，覺得與旃檀林特別有緣，就常指著旃檀林說：「這裡是我的家。」有一天，他想拜當時的住持惟和法師為師，萬萬沒有想到被推到山門外，天下著雨，他從旃檀林門前一路跪拜到肉身寶殿，遍身淋濕，山民看了都很感動。

　　後來他在天台寺欣遇一位法師，很慈悲接受他為徒弟，法號明淨，可那位師父如行雲流水到處參學，沒多久就離開了天台寺。明淨和尚回到旃檀林，當家師還是不接受他，眾人皆不屑一顧，萬般無奈，只好在大鼓下面過夜，但奇怪的是，蚊蟲皆不叮咬他，一轉眼過了四個月，這四個多月，他選擇了一種特有的修持方式─站禪。

　　接下來三年，明淨和尚都光著腳在大雄寶殿的香爐旁邊站著，可是當家師認為這些地方都不適合一個和尚呆呆地站在那裡，既防礙做佛事，又不雅觀。後來明淨和尚就到韋馱殿，與韋馱菩薩站在一起。由於他發心行頭陀行，長年赤腳，身穿衲子衣，時有顛倒妙語，因此許多人常譏嫌他，或打或罵，但明淨和尚都不以為意。香客拜佛時，他與韋馱菩薩一道受人禮拜，弟子與

眾人不解，不少人認爲他有瘋癲之疾，其實，他的頭腦清楚得很。

不論晴雨或大雪，明淨和尚一動也不動地站著，雙手掌心向上做托物狀置於胸前，很多香客受到感動，都把錢往他手上放，可他毫不心動，更不截留錢財，總是把錢不斷地轉放於功德箱中，爲旃檀林積累不少建設資金。

三年下來，大家稱明淨法師爲「站佛」，讚揚他如金地藏當年「鐵板注腳」。在站禪的日子裡，他每天只吃一餐。三年後，他開始坐禪，有時入定十餘天才吃一餐飯，再過三年，又接著臥禪，進食更少，就這樣分別站禪三年、坐禪三年、臥禪三年。

出家後八年，1992年，農曆8月初十，站和尚趺跏示寂，示寂前他對弟子說，生前曾與慈明和尚同修，

日後除了禮拜他，也要禮拜慈明和尚，同時加重語氣言明：「我坐缸後不許火化，日後就是不壞眞身」。

經六年，1999年，農曆8月3日開缸啓視，果見站和尚身體完好無損，顏面如生，全身肌膚皆有彈性，後在神光嶺西坐缸處建廟裝金供奉，此廟曰明淨禪寺，目前住持就是他坐缸六年最爲護法的徒弟之一——心蘭法師。

站和尚裝好金身之後，擇2000年農曆正月19日隆重舉行了安奉儀式，仁德大和尚讚歎明淨禪師，若不經多世修行，不會有今天的金剛不壞之體，明淨和尚雖出家的時間只有八年，卻一樣達到了修行成就，可見不能小看精進辦道。

■明淨和尚的坐缸靜置大殿一旁，上覆紅布。

弟子眼中的明淨和尚

探訪明淨和尚的弟子
（年紀約六十歲）紀錄：

師父三歲喪母，四歲就跟家人說，他長大要度眾生。當時家人就問他什麼叫度眾生呢？他就說：「我長大要吃齋，我現在太小沒辦法告訴你什麼是度眾生，也只能跟你吃一樣的東西。」喪母後，搬去姨母家住，就像一般的農家小孩一樣，學放牛、養家畜，幫忙一些農事，凡是雜七雜八的苦事他都做。

十九歲就自己吃長齋了，在蘭溪那邊的農田做工，身高一米七、八，天堂飽滿、兩耳垂肩、兩手過膝。每天忙完農事後，回家澡也不洗，就在那兒徹夜不眠的打坐。當時，天氣乾旱，只要人家田裡沒水，菩薩心腸的他，半夜裡就把自己田裡的水偷偷地放給別人，沒水的農家第二天發現田裡很多水，就直說水是阿彌陀佛送過來的。家人罵他說，你把水給人家，家裡的田地就沒水用了，他只是淡淡地說，沒關係，馬上就會有水了，過不久家裡的田地就真的有水了，屢試不爽。

不僅如此，他常幫人家做事不收一分錢，如果人家做葷燒葷的給他，他就只吃點乾飯，過年有些剩下的魚肉，他就早晚唸咒語，邊唸邊說：「鍋中葷素分不清，觀音菩薩摩訶薩，手拿楊枝兩邊分。」然後撿掉葷的，吃些剩的葷飯。

出家後到了九華山，師父在韋陀殿一站就是七天，七天內不吃不喝，當時寺廟的當家看不起他，說

他頭腦有問題，把他送到公安局，明淨法師就講：「佛教是慈悲無私的嘛！怎麼會看不起我這苦行人呢？」那局長就說這個師父頭腦沒有壞。

未圓寂之前，好多人都看不起他，因為他穿的破破爛爛的，整天念佛修行，幾乎不開口和人說話，一心念佛，被人當傻子，人家打他、罵他從不回嘴。不論下雨下雪，他都打赤腳站在那邊，奇怪的是，他身上衣服竟然都不會沾濕，總是乾乾的。

師父平時不太說話，總是不斷念佛，不斷誦持阿彌陀佛聖號，但如果是因緣具足的人，他就會跟你多講一兩句話，他說如果有時間說話，不如用來念佛。他一個月就只吃兩餐，就只有初十和十五二天，用過餐後，還會留半餐和徒弟們

吃，每次就只吃一個饅頭。三年六個月的閉關是師父的悲願，閉關的時候，我們每天送一瓶水給他，總是會出來半瓶水。閉關時的師父，雖然身上穿得很破爛，但是身體通香，臉色很好看。

師父圓寂的時候，人家在缸裡坐三年，他坐六年六個月。師父在缸裡就像活人一樣好好的。開了缸聽到了一些聲響，出缸的時候身上有檀香味。跟人一樣，碰到那裡那裡就出血，起缸幾個徒弟搞的全身都是血。這是很難得的感應，他在缸裡六年，衣裳就破了，而肉身完好如昔，就是證得金剛不壞身的證明，他很早就開悟了，知曉一切事，前五百年、後五百年的事他都知道，一輩子就是積善德積善事，精進修行。

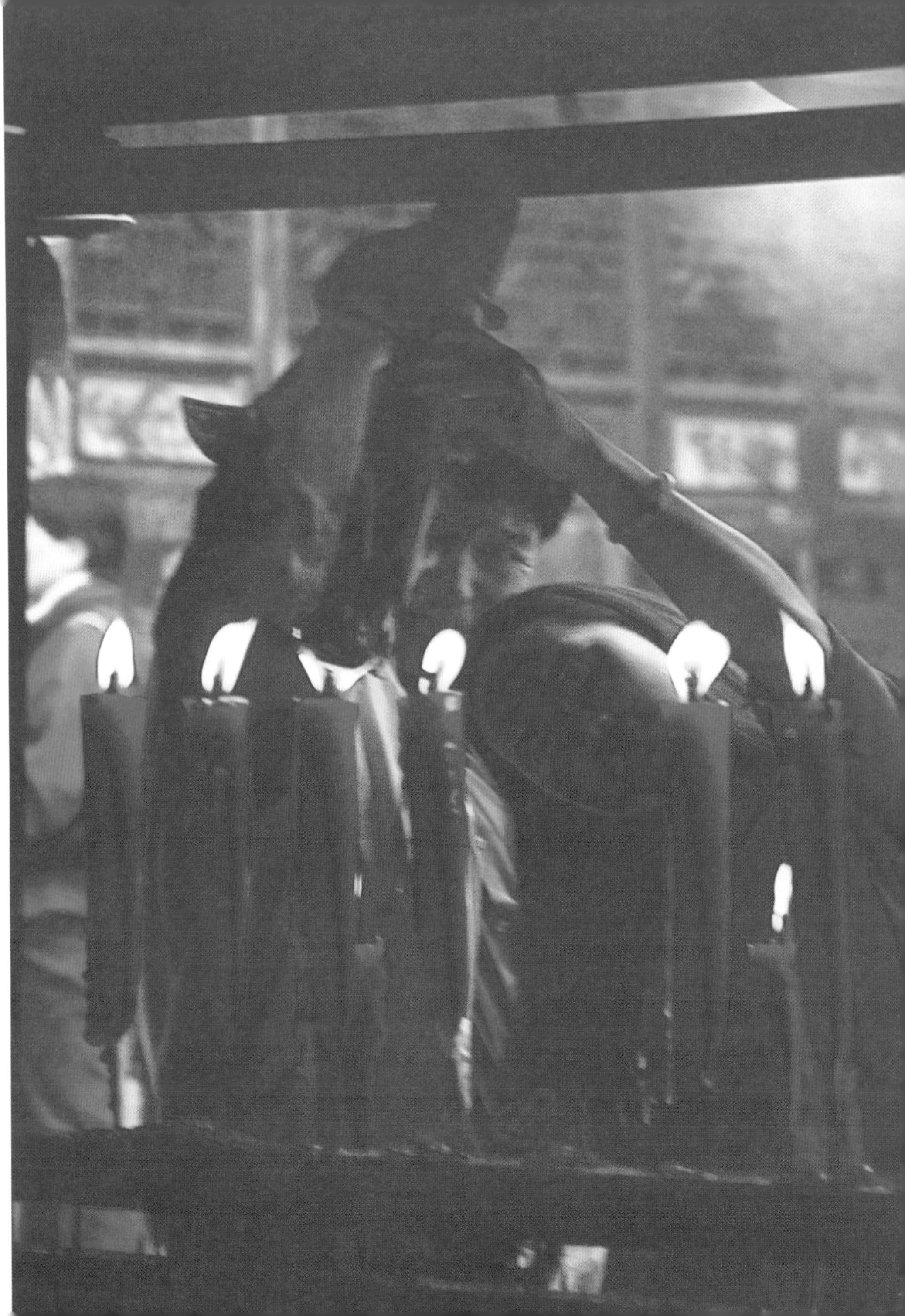

圓滿晚餐

走回飯店已近八點，兩隻腳似乎已經完全不聽使喚，我們到飯店外一家庭式餐館吃晚餐，大伙圍坐著喝口茶，聊聊這兩天的特殊遭遇，每個緣都深植在大家的腦海中，難以忘懷。

席間，我們不忘感謝這兩天陪我們的導遊--小袁，雖然又累又辛苦，但是敬業精神可嘉。尤其她對歷史典故、修行事蹟倒背如流，也喜歡老東西，帶著我們跑了不少老地方。而且，大家很快就摸索出合作默契，每到一處寺院，由我和小袁負責打前鋒：小袁先與寺方交涉許可拍攝（若是不行，我再和她聯手出擊）。我則負責搜尋可拍的文物或景象（有點像探險），再告訴隨後到的阿哲與書維哪些該拍（他們還

要負責拍攝外觀，所以行動較慢），然後我也會注意如果有漏失的部分，不忘用傻瓜相機補拍，而小袁只要看到大家一有空，就馬上上前對每個人解說所有的文物歷史，眞是一點都不浪費。

小袁提到，九華山因爲宣傳較少，不如其他名山受到注目，這裡的開發相對地落後許多，我們鼓勵這個年輕人要不忘多多充實自己，生在佛國、住在佛國、工作在佛國，應該發願將佛國的人、事、物多做研究，以後肯定會有更多人來到這裡朝聖。

接著話題轉到「香火興旺的秘訣」上，書維說，走了一整天，發現有的寺院香火鼎盛，有的卻不然，每個寺院供奉的都是一樣的諸佛菩薩，卻有不一樣的人氣與香火。

似乎凡是越積極勸募功德的寺

院，大家就越敬而遠之；反之，越主動地關心、招呼來訪者，大家越自動就想供養。書維說：「我得到一個思惟，那就是，發心這檔事，還真的是要『發心』呢！勸募得太積極，反而招致反效果。要讓千年古剎香火鼎盛的秘訣，正是心道師父的那句法語：『最好的公關，就是最用心的服務。』」

明早七點半，朝聖團就離開九華山了，這頓晚餐在輕鬆幽默談話中結束，回飯店後，同住的寶嚴師告訴我，師父說九華朝聖最重要的地方就是肉身寶殿，至少要在肉身寶塔頂禮一○八拜。我這兩天忙於工作，並不知道此事，一聽到此話，撐著疲憊不堪的身體，當下決定明天起個大早到肉身寶殿禮佛。

三天內，走了三次月身寶殿，這種殊勝經驗，就算多個幾次，相信

也沒有人會喊累。清晨五點半，帶著寶嚴師和小袁約在旃檀林寺院門口碰面，然後快步往肉身寶殿走去。

雖然九華街上每個寺廟的距離都很近，只要步行就可以到達，但是

遇到這種趕時間的時候，就算再近，走起來還是有遙遙無盡之感，好不容易走到了月身寶殿的北大門，接下來要面對幾百階的階梯，大概是一心想禮拜吧！我也豁出去了，努力地攀爬著每一級階梯，心念地藏菩薩聖號，不顧其他。就這樣走到了月身寶殿前，一刻也不敢耽擱，對著寶塔四面各禮拜廿七拜，每一拜都自然默念著：「南無大慈大願地藏王菩薩」，迴向時專心懺悔與發願，累世累劫所造一切惡業希望懺除無餘，有個清淨的身、口、意發菩提心，行菩薩道。就這樣，在清晨微光中為蓮花佛國朝聖

行畫下一個圓滿句點。

之後大家散步回飯店，途中遇到前來拍攝的書維與阿哲，便繼續往旃檀禪林走去。

旃檀禪林

旃檀禪林在化城寺西南，明末清初伐後山的古木作樑柱，此樹為質地堅硬而有異香的旃檀樹，因此寺名由樹名而得，至今有一百多年歷史。正中有一方三門石造牌樓，柱下有四隻石獅子，牌樓上書有「九華山」、「蓮華佛國」，左右聯寫著「佛國莊嚴呈琉璃界，普門輝煌現慈悲主」。清初建寺時清康熙年間，旃檀林還是化城寺的七十二寮房之一，

後來慢慢發展成爲獨立的叢林。1984年，慧深法師任住持至今，旃檀禪林最有特色的是三座大殿成一字排開，氣勢磅礡。

大願寶殿

大悲寶殿開光後，又繼續建造大願寶殿，於1999年9月19觀音菩薩成道日竣工並舉行佛像開光，殿內供有四面地藏菩薩立像，高9.9米，異常莊嚴。右手拿錫杖，震開地獄門，左手拿寶珠，滿足眾生願，座前有神獸諦聽，五百羅漢羅列於牆上柱架之上，頗具創意。

目前九華山佛教會規劃在東崖峰上豎立一座地標，高九十九米的地藏王菩薩，就是以這尊九米九的法相作模型，將來豎立以後，就像南海觀音一樣成爲普陀山的地標。這

■旃檀禪林的大願寶殿，殿內供有四面地藏菩薩立像，高9.9米，異常莊嚴。
四週牆上還有地藏菩薩金身坐像，肅穆威嚴。

座四面地藏的正聯寫道：「地藏袈裟裹蓋九華聖境，菩薩靈感光降大願寶殿」。

大悲寶殿

大悲寶殿的廣場上有石雕的四天王像以及韋陀和伽藍兩護法菩薩，1992年9月19日觀世音菩薩成道日奠基，殿內供奉的是高9.19米的四面千手千眼觀世音菩薩，慈眉善目，神態自若，在1994年開光。東西兩側塑有大悲陀羅尼八十四菩薩像，立柱上的對聯寫道：「若不回頭誰替你救苦救難，如能轉念毋須我大慈大悲」的確，修行靠的是自己，轉念則是修行的法要。大悲寶殿於去年4月30日晚上法會時毀於火災，目前正在重修，廣場上有四尊巨型四大天王石雕和獅子麒麟護法。

■旃檀林廣場的四大天王石像，雄武威嚴。

■站和尚—明淨和尚曾在旃檀林的大悲寶殿站禪三年

■清晨六點，旃壇禪林的僧人正準備入殿參加水陸法會，法會需要的紙馬整齊畫一地排成一列，旁邊為正在整修的大雄寶殿。

大雄寶殿

　　兩大殿中央加建了一座大雄寶殿，由於旃檀林有百餘年歷史，大殿中盡可能保留原有文物，殿中供奉本師釋迦牟尼佛，也還在整建之中。舊的大殿供奉本師，兩旁侍立的是阿難和迦葉，兩側則是地藏和觀音兩菩薩，觀音旁是金童玉女，地藏旁是閔公和道明，兩側壁則是十八羅漢。佛像座前有一聯曰：「奉雙親參禮九華，喜今日旃檀林中

便是極樂世界；願一心長持半偈，想當年菩提樹下用何等刻苦功夫。」

清晨八點，朝聖團離開九華山，大家在車上做早課，唱誦著地藏王菩薩聖號，不知爲什麼，鼻頭一酸，眼淚直掉，回想這兩天，在九華山處處都感受得到地藏菩薩在看顧著我們，給我們許多啓示。地藏菩薩的願力之大，讓我行走其間，看到自己的渺小與懦弱，很欣喜地發現原來地藏菩薩是所有眾生的靠山，所以後來也勇敢發願：願效學地藏，發大願，爲利益眾生，勇猛精進，不怖不畏，直至菩提！

■旃檀禪林住持慧深法師歡迎朝聖團到訪

肉身菩薩傳奇
九華濟公
（公元1894-1985）

記得昨天到九華山時，在山下黃山公路旁見到許多民居外牆都漆有「朝九華、拜大興」數字，大興和尚也是目前可參訪到的肉身菩薩。

大興和尚原來稱為「大心」，俗名朱毛和，生於清光緒21年（公元1894），安徽省太湖縣牛鎮鄉朱家村。1925年來九華山百歲宮依常法和尚剃度，端正言行，嚴守戒律，在寺內從事擔水挑糧勞動事務多年。1931年到南京古林萬壽寺，受戒於果慧和尚，接著以四年參學五台、峨眉、普陀等名山。

1936年回到百歲宮，勞靜結合、禪淨雙修，1947年往青陽縣城東火燄山小廟，幽默詼諧、悠遊人世、一切隨緣，瘋瘋顛顛，卻有一句名言：「好人好自己、壞人壞自己」，戴著一個帽子、穿著羅漢鞋，走到哪裡吃到哪裡，酒肉穿腸過、佛法心中留。文革期間被逼還俗，但他偷偷到九華後山山腳下的雙溪寺修行，這裡後來稱為小九華。大興和尚長年為生產隊放水年，亦農亦禪，無慮無憂，他一生自甘淡泊，儉樸出名，擅長以中草藥為鄰里鄉人治病，每每手到病除，不取分文。一生艱苦樸素，無憂無慮，食物不揀擇，對人無分別心，生活一切隨眾。他經常飽一餐、餓一頓，但天天堅持練氣功，行住坐臥常念「空、空、空....」，空字不離口。

1984年他轉念阿彌陀佛，二六時中念佛不停。同年12月送白、紅糖五斤交雙溪寺常住供眾，並向當家師告假，說要離開了。1985年2月，

春寒料峭，大心和尚九十一高齡，因年老體弱不慎摔倒，傷勢嚴重，臥病不起，延至2月12日，臨終前三日不食，2月17日零時5分，響亮念阿彌陀佛數聲，吉祥臥圓寂。遺言：「我是百歲老人，不願火化。」徒眾將遺體裝缸，紛紛捐錢捐物，報答他生前所做的無量功德，七日後在置缸處搭建草棚，奇哉，牲畜亦不吃缸邊青草，後來砌一圓形磚塔保護缸中肉身，並立紀念碑。

1989年，雙溪寺住持妙恆和尚開缸啓視，見大心和尚顏面如生，筋骨顯現，指甲猶存，喉節可辦，撩去木炭，如初跏趺。三年六個月以來所穿的衣帽鞋襪均已腐爛，觸之即成粉末，而掛在頸項上的羅漢豆佛珠，僅銹斷鐵絲，散落於木炭之間，誦經禮佛將肉身菩薩請出缸外，在雙溪寺內裝金，建大興殿供奉。

這尊不壞金剛屬建國後第一例，大家皆視爲地藏菩薩第三世應身。大興殿不僅供奉大心的肉身，還展出了他生前遺物一百多件，徒妙恒希望雙溪寺能興起來，遂把大心改爲「大興」，並蒐集整理了《大興和尚故事集》、《大興和尚簡介》等書。

大興和尚的名言，至今爲世人傳頌：

「不管人家對不對，自己一定要對，做對了是應該的，做錯了趕快懺悔。」

「好人好自己，壞人壞自己。」

「空！空！空！」

9 章

掀開金剛不壞之謎

「至道無難，唯嫌揀擇，惟守一法，然後見心，制心一處，無事不辦，百折千磨，終不退悔，受盡辛苦，惟道為是，千磨萬難，益礪精勤...」

| 009 章 探究肉身不壞的祕密

九華山為什麼有這麼多肉身菩薩出現呢？這個疑惑誘使許多人前往聖地一探究竟，在親眼見到肉身菩薩後，那震撼力真是畢生難忘。

一尊尊的肉身菩薩，每個菩薩一生的修行都是極其精進、令人讚嘆，不僅要忍人所不能忍，還要行人所不能行，他們在生前都是沒沒無聞地勇猛精進、毫無間歇。例如金喬覺在1342米高的洞中閉關七十五年、無瑕和尚刺指血與舌血抄了廿八年的《華嚴經》、大興和尚如濟公式的修行法、慈明和尚每隔半小時撞鐘不斷、仁義師太以針灸醫人

無數、明淨和尚站三年、坐三年、臥三年，日以繼夜的修行，有太多人為追求真理前仆後繼，置死生於度外。

生命如同電光石火，剎那間就消失無蹤了，修行者獨留肉身，以他們的親證不斷啓發著芸芸眾生。

永恆的生命

在《法華經・如來壽量品》中，佛陀開示，自己久遠劫來早已成佛，壽命無量、常住不滅，而為了度化眾生，令眾生生難遭之想而示現涅槃。

「如是我成佛已來甚大久遠，壽命無量阿僧祇劫，常住不滅。諸善男

子，我本行菩薩道所成壽命，今猶未盡，復倍上數。然今非實滅度，而便唱言當取滅度。如來以是方便，教化眾生，所以者何？若佛久住於世，薄德之人，不種善根，貧窮下賤，貪著五欲，入於憶想妄見網中，若見如來常在不滅，便起憍恣，而懷厭怠，不能生難遭之想、恭敬之心，是故如來以方便說。

比丘當知，諸佛出世，難可值遇，所以者何？諸薄德人，過無量百千萬億劫，或有見佛、或不見者，以此事故，我作是言：諸比丘，如來難可得見，斯眾生等聞如是語，必當生難遭之想，心懷戀慕渴仰於佛，便種善根。是故如來雖不實滅，而言滅度。」

可見，佛一直常住在世，生死只是度眾生的方便，而佛滅度後，更留下不滅的法身舍利，令眾生升起無量信心。

見舍利如見佛

舍利者，乃如來真身，《大般涅槃經》云：「若見如來舍利，即是見佛。」又云：「供養舍利即是佛寶，見佛即見法身。」法身者，乃眾生皆有之本具覺性，在聖不增、在凡不減。

若要探討為何肉身能經歷時空變遷而不壞，需先溯源於印度的喪葬風俗，在印度，人死之後多以火葬，釋迦牟尼佛入涅槃時，從自心中出三昧真火，燒此無量功德積聚之身，七日乃盡，留下八斛四斗，晶瑩光澤，堅固不壞的舍利子，欲令當來眾生皆得供養，種下得度因緣，時有八大國王，戀慕如來，各自分取舍利，歸國供養。

原本火化後的骨灰或遺骸，在印

度都放入恆河中歸於自然，但釋迦佛的肉身卻燒出無數舍利子，佛陀爲憐憫眾生，令眾生能升起菩提心，而以舍利住持佛寶，長久住世。經上說：「如來憐憫一切眾生，以本願故，碎此舍利令如芥子，爲令佛法增廣流布。」

佛滅度後兩百餘年（公元前259年），古印度孔雀王朝阿育王，統一了北印度諸國，宣佈佛教爲印度的國教，爲了進一步弘揚佛法，阿育王開啓八王收存佛陀舍利子的寶塔，取出舍利，分別盛入八萬四千個寶匣，分送至世界各地起塔供養。

佛陀的眞身舍利代代相傳至今，被佛教徒造塔供奉，舍利子堅固不摧，從未因時空久遠、外在環境的無常變化而毀壞或消失，反而全憑是否有「信心」而存有，如果沒有誠心供奉，那麼舍利子會「憑空消失」；反之，若有人虔誠祈求供奉舍利子，舍利子也會「無中生有」，出現在供奉者面前。中國古籍中，記載時有所見，供養舍利之處出現祥光瑞相。一般人供奉瞻仰禮拜舍利子，能廣植出世福田，生生世世必得遇正法，感無上菩提道果。

舍利子－戒定慧的結晶

舍利：梵語sarira。巴利語sarira。音譯爲：設利羅、室利羅、實利。在《玄應音義》譯義爲身骨；《慧苑音義》譯爲身；《慧琳音義》譯爲體。又《資持記》（釋相篇）：「舍利、梵語訛略，具云室利羅，此翻爲身，即人之遺身、或碎身、或全身、髮、爪、灰，通號舍利」。經及律典中提到四種人值得尊敬建塔供養禮拜，爲：如來、

聖弟子、辟支佛、轉輪王等。

　修行人的舍利是因平日圓滿修持戒定慧而生，種類大致分為二：

1. 全身舍利：修行高僧圓寂後，依照自身修持的力量，遺體未經火化，而以坐缸方式處理，經數年後開缸保存之肉身不壞之金剛法體，就叫做「全身舍利」。《法華經·提婆達多品》提到：「時天王佛般涅槃後，正法住世二十中劫，全身舍利起七寶塔，高六十由旬，縱廣四十由旬。諸天人民，悉以雜華，末香、燒香、塗香，衣服瓔珞、幢幡寶蓋、伎樂歌頌，禮拜供養七寶妙塔，無量眾生得阿羅漢果，無量眾生悟辟支佛，不可思議眾生發菩提心，至不退轉。」

天王佛涅槃後成為全身舍利，後人以七寶塔存而供養，凡禮拜供養者都發起菩提心，直到成佛都不退轉。

　在《法華經·見寶塔品》也有全身舍利多寶佛，常在多寶塔中，只要有講說《法華經》的地方，多寶佛就在塔中，從地湧出，前來聽法：

　「爾時佛前有七寶塔，高五百由旬，縱廣二百五十由旬，從地湧出住在空中，種種寶物而莊校之...

爾時寶塔中出大音聲歎言：『善哉善哉，釋迦牟尼世尊，能以平等大慧教菩薩法佛所護念妙法華經為大眾說，如是如是，釋迦牟尼世尊，如所說者，皆是真實。』爾時四眾見大寶塔住在空中，又聞塔中所出音聲，皆得法喜，怪未曾有，從座而起，恭敬合掌，卻住一面。

爾時有菩薩摩訶薩，名『大樂說』，知一切世間天人阿修羅等心之

所疑，而白佛言：「世尊，以何因緣有此寶塔從地湧出，又於其中發是音聲，爾時佛告大樂說菩薩。此寶塔中有如來全身，乃往過去東方無量千萬億阿僧祇世界，國名『寶淨』，彼中有佛，號曰『多寶』，其佛行菩薩道時，作大誓願：若我成佛、滅度之後，於十方國土有說法華經處，我之塔廟爲聽是經故，湧現其前，爲作證明，讚言『善哉』。彼佛成道已，臨滅度時，於天人大眾中告諸比丘，我滅度後，欲供養我全身者。應起一大塔，其佛以神通願力，十方世界，在在處處，若有說法華經者，彼之寶塔皆湧出其前，全身在於塔中，讚言善哉善哉。」

2. 碎身舍利：涅槃火化後，留下的遺骨就叫做「碎身舍利」，也就是一般人所說的舍利子，其質地堅硬且細緻，具有晶瑩圓明、堅固不摧的特性。至今舍利已成爲：極其堅、而椎擊不破的事實，依照顏色的不同，可分成血舍利（紅色）、髮舍利（黑色）、骨舍利（白色）等等，也有些是藍色、透明或彩色。

另一種說法，將舍利分爲「生身舍利」和「法身舍利」二種。

1. 生身舍利：由戒定慧所薰修而成。

2. 法身舍利：指佛所遺留之教法、戒律，如同舍利，永住於世。

目前一般大家所看到的舍利，多是指生身舍利而言。

肉身菩薩並非木乃伊

也許有人會認爲全身舍利如同木乃伊，事實不然。「木乃伊」，是人死後經由藥物處理，所保存的不腐爛屍體，只要遵照一定方法，人人

都可以變成木乃伊。

《金光明經佛舍利品》說：「此之舍利乃無量戒定慧之所薰馥，甚難可得，最上福田。」《般若經》亦有：「佛身及設利羅，皆由如是甚深般若波羅蜜多功德所薰修，故爲一切世間天人供養恭敬，尊重讚嘆。」

「肉身菩薩」是高僧大德經由長久薰習「戒、定、慧」三學而成，透過嚴謹、如法修行，對生死、覺性達到一定程度的證悟，再加上普度有情的大願力，才能在圓寂後繼續以肉身度眾，因而出現肉身菩薩。木乃伊對於智慧的開啓、福報的增長與解除煩惱、離苦得樂一無用處；而肉身菩薩，則是長留典範在人間，永受眾生的緬懷、尊崇與學習，散發著無盡的慈悲和智慧之光。

九華山的肉身菩薩

九華山上眾多的高僧肉身，使佛山更顯神聖、更顯神秘，成爲九華山聞名於世的一大特色！

九華山地處華東皖南山區，具有北亞熱帶濕潤季風氣候，陰霾潮濕，雨多霧重。一年之中有118天的雨季，餘爲霧氣繚繞或雪季，在這樣高濕度的自然環境中，九華山竟先後出現了多尊高僧肉身。這些高僧肉身經久不腐，栩栩如生，令世人嘆爲佛山的一大奇觀。另有一說，四大名山之中，九華山素有「鐵九華」之稱，存在著特殊磁場，才成產生肉身不腐奇蹟，究竟是否屬實，仍是未知。

縱觀九華山先後出現的眾多高僧肉身，都具有兩個特點：一個，他們人人都是虔誠的佛教徒，苦行僧；

另一個，是他們個個都是在佛門清修了半個世紀以上的老壽星。走了一趟九華山之後，我發現答案呼之欲出，不是氣候也非磁場，而是修行者本身精進不懈的修習戒、定、慧三學的真功夫與悲心願力使然，讓修行人身心具有殊勝奧秘的妙用，才能成就不可思議的肉身不壞。

肉身菩薩的製作過程

也許是因為金喬覺的影響，九華山僧人的喪葬風俗一向都是「人人坐缸」，但並非人人都能肉身不壞。唐朝至今，九華山的肉身菩薩在文革前達到十四尊之多，目前僅存六尊，而其中金喬覺的肉身已不得見。

一般法師都是和常人（俗家人）一樣老死後，由僧眾將肉身擺放成打坐狀態再放進缸內，稱為「坐缸」，然後擇訂日期火化。能成為肉身菩薩和生前的修行有絕大關係，有些人因為勇猛精進、如法修行，圓寂之前預感自己將不久於人世，就會向弟子說自己死後身體不會腐爛，不要燒掉，或者幾年之後還會和弟子見面，肉身不要燒毀，也有些人預知自己即將圓寂了，在死亡的那一刻，自己坐到缸裡面。

他們會提前減食或不吃飯，控制自己的食量，讓身體的水分和脂肪消耗掉，圓寂後由弟子將他放入缸中，姿勢為跏趺坐，裝好肉身後的缸都放在靈骨塔內。為保持乾燥，缸中還會放入木炭和石灰以吸收空氣水分，一般經過三年六個月後啟缸。

坐缸上方有一個突起的蓋子是便於封缸後觀察肉身的變化，而底部

留有孔洞是為了火化時所用。在火化前，先將平地挖一個小坑生火，然後把有孔的坐缸架在上面，再加以火化，由此可知坐缸並非密閉。

其實有沒有成就肉身是可以探測的，如果屍體爛掉了，屍骨會掉下來，也會有屍水，只要將缸稍微挪一下，用鐵絲從下面的洞伸進去探一下，這樣就可以知道了，如果探不到，只有到石灰和炭灰，如此一來就可以斷定肉身菩薩出現了。

經過三年後啓缸請出肉身，這時肉體已經消瘦了，皮包著骨頭，但是肌膚有彈性，甚至頭髮、眉毛、鬍鬚都繼續增長，處理方式是用銅油紗布把身體包紮起來，過一段時間後再卸下紗布，在肉體塗上一層保護漆，之後在外表貼金，然後裝龕供奉。

中國禪宗--六祖慧能大師

中國歷史上出現的第一尊肉身菩薩，是禪宗六祖慧能大師，圓寂於公元713，目前這尊肉身菩薩仍完好地供奉在廣東省韶關縣的南華寺。（註：九華山金地藏為中國史上第二尊肉身菩薩）

　　文革時，紅衛兵為了破除迷信，曾用釘鎚在慧能大師的肉身胸口處，鑿挖一個小洞，想要驗證是否為人工偽造，結果竟發現大師體內的內臟完好無缺，當場嚇得跪地叩拜，懺悔認罪。

　　香港萬佛殿供奉著月溪法師的全身舍利，月溪法師生前修行頭陀行，曾效法法華經中藥王菩薩燃身供佛，於佛前燃左手末二指，剪胸肉，矗立四十八燈供佛，並立下三大誓願：

1、不貪美衣美食、樂修苦行

2、虔心參究三藏經典

3、以所得講演示導廣利眾生

　　公元1965，月溪法師預言囑託弟子，待自身圓寂後，將法體封龕入土，八個月後再取出加漆鋪金供奉寺內，並說一偈：「講經說法數十年，度生無生萬萬千，待等此日肉身世緣盡，遍滿虛空大自在。」

　　月溪法師成為肉身菩薩後，和藹的面容上最令人不可思議的是：眉毛、頭髮、鬍鬚竟栩栩如生地自然增長，慈眼含笑視眾生，隱約勸發眾生當精進不懈，直至成道。

台灣慈航法師

　　據《台灣肉身菩薩傳奇》一書記載，1954年，慈航法師於閉關時圓寂，世壽六十歲。

　　法師生前告誡弟子，一再重申作個老實和尚的四個條件：

　　一、先要立志；

　　二、以行填願；

　　三、自利利人；

　　四、福慧雙修

　　至於要如何才能做到四點？法師又將此四個條件歸納為三要素：

　　一、心地要慈悲；

二、思想要純正；

三、志願要堅固。

只要確實做到這幾點，不管你身在何處或受到什麼打擊，都可以怡然自得。慈航法師在遺願中交代：「遺骸不用棺木，不用火化，用缸跏趺盤坐於後山，三年後開缸。如散壞，則照樣不動，藏於土；如全

■終身奉行頭陀苦行的清嚴法師。

身，裝金入塔院。」

公元1958開缸，慈航法師的肉身果然沒有散壞，大眾將他迎請出來後，目前供奉在台北汐止彌勒內院中。

台灣清嚴法師

清嚴法師終身奉行苦行，據說生前吃過最好的食物只是一塊豆腐，在《台灣肉身菩薩傳奇》書中提到：清嚴法師生前只吃野生植物和市場中的棄葉；至於院裡新摘下的曇花或附近居民贈送的竹筍，就成為法會供佛或待客的上等菜餚，自己一口都不吃，法師所穿的衣服是名副其實的「百納衣」，縫了又補、補了又縫。住的地方破舊不堪，雖一再翻修仍漏洞連連，但法師卻怡然自得，終身默默修持，恬靜自在。

公元1970年，清嚴法師於寺中做完佛事，站立院中，突然聽見寺外傳來一陣喪家出殯的鼓樂聲夾雜著啼哭聲。清嚴法師不知怎地，忽然脫口對身旁的弟子說：「我寂滅後，於寺內院地合竁六年，然後開現。」半個月後，法師就圓寂了。

果然1976年開缸後，見清嚴法師仍完好如初、闔目端坐、如入禪定、體成半透明琥珀色，毛髮指甲都有增長的跡象，和十八年前慈航法師開缸時一模一樣。目前肉身供奉於台北新店的海藏寺。

台灣瀛妙法師

公元1983年，繼慈航法師五年坐缸、及清嚴法師六年坐缸，台灣台北北投安國寺一位默默無聞的瀛妙法師也成就了肉身不壞，法師生前一句：「隨緣來、隨緣去」為其平凡、平實修行的一生下了最佳註解。瀛妙法師在打坐中圓寂，為保持入定時的原有形態，而將肉身安放在一頂特殊的「轎棺」中下葬近十年，後來在撿骨時開棺，才發現老和尚肉身不腐，從轎中湧出一股淡淡的檀香，遺體仍保持入定時的莊嚴神態，身體成琥珀色，並散發著檀香，後肉身也供奉在安國寺中，供信眾瞻仰禮拜。

啟示

離開九華山後，我不禁思考著一個已經不受生死束縛與肉體侷限的證悟者，為什麼徒留肉身？他要啟示我們什麼？肉身雖然不言不語，但回來後才發現肉身菩薩已經告訴我們太多：「至道無難，唯嫌揀擇，惟守一法，然後見心，制心一處，無事不辦，百折千磨，終不退

悔，受盡辛苦，惟道為是，千磨萬難，益礪精勤...」在月溪法師的警語中，看到古今高僧大德對於修道的堅決與用心，他們之所以得道，從每天的精進修行中有跡可尋，肉身菩薩的當頭棒喝，讓在佛道上進進退退的人們感到汗顏。

佛舍利於世恆存，如同佛住世，能令眾生憶念如來萬德，於佛法深生信心，進而發願常隨佛學，漸至成就無上菩提。可見，修行與願力是肉身菩薩要砥礪學佛後進的功課，瞻仰肉身菩薩，彷彿聽到菩薩仍諄諄教誨我們，唯有勤修戒、定、慧，一步一腳印地發菩提心，才能引領我們走向不生不滅之途。

■瀛妙法師生前一句：「隨緣來、隨緣去」為其平凡、平實修行的一生下了最佳註解。

問：高僧圓寂後，肉體不壞的原因？

心道師父：肉身菩薩的形成與修行人的修法和願力有關，在精進修行時，因為專一一味、離戲，身體的內分泌會漸漸產生質變，進而質能互換，此時慈悲心升起，發願以肉身度眾，讓後人見其肉身，對修行升起信心，這樣涅槃後就能成就肉身不壞，成為「全身舍利」。

在密宗的修法中，成就者修成「虹光身」，涅槃時肉身化成彩虹光消失，有些人化光後則留下指甲或頭髮供後人瞻仰、供奉，也有仁波切以「轉世」繼續行菩薩道；在禪宗的修行中，許多祖師大德也成就了「坐脫立亡」的生死自在，不同的示現帶給後人不同啟示。

全身舍利何時會毀壞？端賴於因緣，若沒有度眾的因緣，全身舍利就會毀壞了，如同舍利子若沒有恭敬供養，那麼也會憑空消失，這就是因緣隱與顯之別。

問：「舍利子」是什麼？

心道師父：舍利子即是「佛骨」，也就是佛陀涅槃後，火化所留下來的骨頭，因為有修戒定慧和阿耨多羅三藐三菩提的圓滿成就，所以佛骨的內分泌與眾不同，幾千度的火都燒不掉他的精華，而且剔透玲瓏、堅固無比，敲都敲不破。

一般人心在淨化的時候，體質就

會改變，也會燒出舍利子，不是修行人才有，只是燒出來的堅固程度沒有佛的舍利那麼好，碎碎、鬆鬆、軟軟的。舍利子代表佛的化身，看到舍利子等於看到釋迦佛，是佛陀為了讓業障深重、無明煩惱多的末法眾生，能夠種植福田、對佛法生起信心而有。舍利子還有鎮宅的作用，不要想說：「這個舍利子拿回去，是多可怕的事情啊！」這不是可怕，是非常吉祥的東西。

舍利子要修戒、定、慧才有，「戒」是止惡行善，「定」是修禪定，穩定我們的心理，「慧」是觀照一切，徹底瞭解。氣定神閒，才能生舍利，要生舍利就要去除貪、瞋、癡；用布施對治貪心、用慈悲對治瞋恨心、用智慧對治癡迷心。舍利子是智慧的精華，聽經聞法、持守戒律、禪定進而開智慧，智慧

若開，舍利子就一顆顆冒出來了，甚至不需燒就有了。

修行最需要信心跟福田，供養舍利子可以清淨我們的內心，不墮三惡道，死後得生天上，並能種下未來成佛的因緣。舍利子能空能顯，若虔誠供養，會生多或變大，而且誠心求拜就可無中生有。為什麼呢？祈求的時候，我們的精神已經跟佛性發生感應了，這是物質跟精神的轉換。如果自身業障深重，或是把舍利子隨便放在骯髒的地方，沒有恭敬心，那它就會變小，甚至消失，或是緣分已盡的時候。

佛的舍利代表了佛、法、僧，也代表佛的正覺，禮拜舍利就是拜佛的正覺、佛的智慧、佛的法報化三身的意思，也代表了佛所說的一切法。

01

0

章 戰鬥值最高的菩薩

－地藏菩薩

假使有人，於其彌勒及妙吉祥幷觀
自在、普賢之類而為上首，殑伽沙
等諸大菩薩摩訶薩所，於百劫中，
至心歸依稱名念誦禮拜供養，求諸
所願。不如有人，於一食頃，至心
歸依稱名念誦禮拜供養地藏菩薩，
求諸所願速得滿足。《十輪經》

認識地藏 壹

010 戰鬥值最高的菩薩

章 地藏菩薩

不景氣的今天，失業率居高不下，但可知道有一個人不僅從不受景氣影響，反而時機越糟，他越忙碌。這個人不是別人，正是發了大願--「地獄不空、誓不成佛」的地藏菩薩，忙碌的他每天在六道中來回穿梭，如「超人」般，爲各式各樣的眾生救苦。

地藏菩薩服務的對象正是我們這些芸芸眾生，眾生流浪在茫茫宇宙間，找不到靠岸，無奈地承受出生、病痛、衰老、死亡的恐懼與壓力，怨憎會、愛別離、求不得，業報來臨時，苦痛日夜啃噬心靈，不知自在清明爲何物，苦汁從臉上滴落，也洗不去煩惱與怨親債主的糾纏討債！

地藏菩薩承受釋迦牟尼佛的願力，分身千萬，遍及百千萬億無極限的世界，發願在釋迦佛寂滅之後，佛彌勒未下世之前，在這段無佛時期裡，負起普渡六道，引導五濁惡世的重任。因此地藏菩薩發心於無量劫在穢惡世界度眾生，越是穢惡的地方、越苦惱的眾生越要去度化，他甚至發願要到沒有佛法，苦難最多的地方去利益眾生，因此

被稱爲「大願地藏王菩薩」。

戰鬥值最高的菩薩

如果說觀世音菩薩是「超人氣菩薩」，那麼地藏菩薩應榮登爲「戰鬥值最高的菩薩」。地藏菩薩由於願力廣大，所成就的功德也是最爲殊勝的，在佛開始宣說《地藏本願經》與《地藏十輪經》時，來聽法的眾生數量之多，連佛都難以估計，這是已登十地的地藏菩薩累世以來，發願已度、將度、未度的眾生總集，數目無量無邊。

在《十王經》中，好疑問菩薩請問佛，廣述地藏菩薩的無量功德，佛開示道：「諦聽，善思念之，吾當爲汝略説少分。如是大士，成就無量不可思議殊勝功德，已能安住首楞伽摩勝三摩地，善能悟入如來境界；已得最勝無生法忍，於諸佛法已得自在、已能堪忍一切智位，

已能超度一切智海，已能安住師子奮迅幢三摩地，善能登上一切智山、已能摧伏外道邪論；爲欲成熟一切有情，所在佛國悉皆止住；如是大士，隨所止住諸佛國土，隨所安住諸三摩地，發起無量殊勝功德，成熟無量所化有情。」

《占察經》也說：「發心以來，過無量無邊不可思議阿僧祇劫，久已能度薩婆若海，功德滿足，但依本願自在力故，權巧現化，影應十方」。據經文的記載，地藏菩薩發心修行以來，已經有無量無邊不可思議阿僧祇劫那麼久了，所證悟的功德智慧，等同於佛。薩婆若即「一切智」，薩婆若海，形容佛的大覺悟、大智慧海。地藏菩薩早已達到了佛的智慧海，功德圓滿具足，早應成佛了，但菩薩發願度盡一切眾生，故隱其眞實功德，始終以菩薩

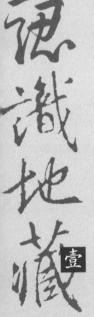

身，如觀世音菩薩一樣，於十方世界現種種身，以本願力，自在神通，到處現身說法，令眾生離種種困苦，皆得滿足。

在《十輪經》也記載著修持地藏法門的功德甚至較彌勒、文殊、觀音、普賢菩薩更甚。經中說：「假使有人，於其彌勒及妙吉祥并觀自在、普賢之類而為上首，殑伽沙等諸大菩薩摩訶薩所，於百劫中，至心歸依稱名念誦禮拜供養，求諸所願。不如有人，於一食頃，至心皈依稱名念誦禮拜供養地藏菩薩，求諸所願速得滿足。所以者何？地藏菩薩利益安樂一切有情，令諸有情所願滿足，如如意寶，亦如伏藏。如是大士，為欲成熟諸有情故，久修堅固大願大悲，勇猛精進過諸菩薩，是故汝等應當供養。」

經上說：若於一百劫中至誠皈依、稱誦、禮拜、供養彌勒、文殊、普賢、觀音等諸大菩薩，求自己所願，如求健康，求長壽，求財富，或求斷煩惱等。還不如有人於一頓飯這樣的短時間內至心皈依地藏菩薩，稱名念誦菩薩名號，虔誠敬禮，所有求願，皆能快速滿願。為什麼地藏菩薩有這麼大的功德呢？菩薩為了成熟、利益安樂所有的眾生，長久以來，一直修持著堅固的大願，其大悲心之勇猛精進，超過了所有的菩薩，值得所有眾生供養。

《地藏經》提到，文殊、普賢、觀音、彌勒亦化身百千身形度於六道，其願尚有畢竟，但地藏菩薩教化六道一切眾生，所發誓願劫數，卻如千百億恆河沙，永無盡期。

此外，等同於佛的功德更令地藏菩薩具有無比的度眾能力，《十輪

經》說：「此善男子成就如是功德妙定威神之力，勇猛精進，於一食頃，能於無量無數佛土，一一土中以一食頃皆能度脫無量無數殑伽沙等所化有情，令離眾苦皆得安樂；隨其所應，安置生天涅槃之道。」地藏菩薩為了眾生，在一頓飯的時間內，能夠分身無量，到無量的佛土中同時度化無量世界的眾生，可說是「戰鬥值最高」，這個封號實在當之無愧。

名號反應個性

大家熟知的四大菩薩，都依德性而於名號前加一讚辭，如大智文殊、大行普賢、大悲觀音、大願地藏，可見地藏菩薩以願力為特德，而且願力是特別深廣的。

地藏，梵名乞叉底蘗婆「Ksitigarbha」，《大乘大集地藏十輪經》他是十方世界的菩薩：「安忍不動猶如大地，靜慮深密猶如密藏，因此故名地藏。」在密教中，其密號為悲願金剛或稱願金剛，在金剛界示現南方寶生如來之幢，菩薩在胎藏界則為地藏院中九尊之中尊。地藏菩薩最特殊的地方在於繼承佛陀的願力，向佛陀承諾，釋迦牟尼佛寂滅之後，彌勒未生之前，為了度脫眾生，遍於十方世界現無量身，做種種利益眾生的事，其深廣的願力是眾生若不成佛，自身亦不取正覺，可見，地藏菩薩是一位具有如大地般廣大悲心的願力菩薩。

大地可以負載萬物，毫無揀擇。例如，以黃金鋪地，地不會因此而生歡喜心；吐痰在地，地也不會起嫌心。菩薩亦如是，讚歎菩薩，菩薩不會生歡喜心；惡罵菩薩，菩薩亦不

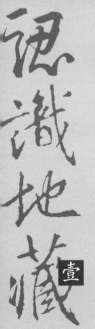

會起嫌心，無論是善人、惡人，菩薩都以慈眼視之，以平等心看待他們，沒有我相、人相、眾生相、壽者相的差別。

大地含藏無量寶藏，例如，花草樹木，以地裡的養份爲寶藏；人，以地裡的金銀玉石爲寶藏。地藏菩薩有無量的功德寶藏可以利益眾生，讓我們所求如願，求健康得健康、求長壽得長壽、求富貴得富貴、求消業障可以消業障，所以叫做藏。

菩薩是梵文：「菩提薩埵」的簡稱，菩提意爲「道」，薩埵，即是「心」的意思，因此菩薩就是道心，菩薩分秒都在度眾生出離生死、煩惱苦海，所以菩提薩埵又譯作覺有情，覺即是佛道，有情是指眾生。

地藏菩薩小百科

地藏菩薩的「地藏」二字釋義如下：

「地」，即土地，有七義：

1. 能生義，土地能生一切生物、植物，喻菩薩能生一切善法。

2. 能攝義，土地能攝一切生物，令安住自然界中，喻菩薩能攝一切善法於大覺心中。

3. 能載義，土地能負載一切礦、植、動物，令其安住世界之中，喻菩薩負載一切眾生，由眾苦交煎的此岸，運載到清涼的彼岸。

4. 能藏義，土地能含藏一切礦、植等物，喻菩薩能含藏一切妙法。

5. 能持義，土地能持一切萬物，令其生長，喻菩薩能總持一切妙善，使其增長。

6. 能依義，土地為一切萬物所依，喻菩薩能為一切眾生所依。

7. 堅牢不動義，土地堅實不可移動，喻菩薩的菩提妙心，堅如金剛，不可破壞。

「藏」，具秘密包容含育等義，指地藏菩薩處於甚深靜慮之中，能夠含育化導一切眾生止於至善。大地含藏無量寶藏，供養萬物，例如，花草樹木，以地裡的養份為寶藏。人，則以地裡的金銀玉石為寶藏，比喻地藏菩薩也具有如來悲智秘藏，能救脫無數眾生，咸登覺岸，無量功德寶藏隨眾生所求而化現。

地藏菩薩名號出處

地藏菩薩：此為諸經論通譯之名。地藏之義，如明蕅益大師《占察善惡業報經疏廣釋》。

大地藏菩薩：出晉譯《大方廣佛華嚴經入法界品》。

持地藏菩薩：出西秦譯《佛說羅摩伽經》，即是入法界品別譯。

地藏王菩薩：出唐譯《大乘本生心地觀經》。清來舟釋云：主執幽冥，隨願自在，故尊為王。然王義甚廣，此釋末能盡也。

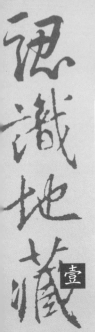

地藏菩薩的名號由來

《三寶感應要略錄》記載：

昔日佛陀在靈鷲山講法，在同一時間，地藏菩薩也正好在各小國間遊歷，四處教化眾生，當地藏菩薩到達住在富羅山下的喬提長者家時，發覺長者家族的五百人全都被惡鬼奪其精氣，悶絕達十天之久，不醒人事，地藏菩薩看到這種情景，隨即生起愍念之心，並說：「世間上居然有如此痛苦的事，實在太可憐了！我願能救助他們脫離這苦痛的境地！」

地藏菩薩話一講完，瞬間便以神通力到達靈鷲山，地藏菩薩對佛陀說：「為世人所尊敬的佛陀！我看到喬提長者家族的五百人全都被惡鬼纏住，已昏迷不醒多天了，實在太可憐了！懇請佛陀允許我設救濟法，使惡鬼能離開他們的身體，令長者的家族能夠甦醒過來。」

當時如來在大會中放萬光照射地藏菩薩，與會大眾紛紛交頭接耳說：「今天如來放光照射地藏身體，地藏菩薩必定將成就大法，足以教化眾生！」地藏菩薩告訴佛陀說：「我有一神咒可去除邪心，還能驅除惡鬼。這是過去無量劫前，在燒光王佛時代，如來滅度之後的像法中，我是一介凡夫，看到眾生被諸惡鬼所纏縛，就如同今日的長者家族一樣，非常可憐，為了救度他們，我到俱特羅山，向一個善行道術的仙人求學降伏鬼怪的方法，仙人很高興地在三天內教我預知各種善惡因果法，然後我便將一切惡鬼召集到面前，依照著老師教授的方法，調伏他們，又令他們發菩提

心，須臾間，一切地獄受苦眾生，各乘蓮花而去，各種痛苦也平息了。當時仙人看到我施展的神力，便授記我：汝於無量無邊世界，佛與授記，名曰地藏，於五濁世中，人天地獄，常當化身，救度眾生，令離災難。如今我又看見長者家所遭遇的災難，跟當初一模一樣，現在我就要前往救護他們了。」

　　佛陀聽完地藏菩薩的秉白後，應許了菩薩，一時間，五百餘人就被地藏菩薩救活了。

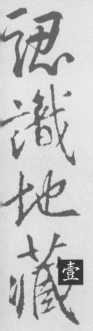

地藏菩薩的造型

常見眾多菩薩的造型大多為頭戴寶冠、瓔珞裝飾、身披天衣，不管是顏色或配件上都非常豐富、講究，但地藏菩薩卻不同，簡單素樸的出家人穿著，頭戴毗盧冠、身披袈裟、左手持如意寶珠、右手拿錫杖的聲聞比丘形象出現，反而令人印象深刻，所謂「明珠照徹天堂路，金錫振開地獄門。」地藏菩薩的不同造型具有特殊意義。

示現比丘

《地藏十輪經》說：「出家僧相，是穢惡世界的清淨幢相」，當年悉達多太子遊四門，得知生老病死是生命的真相，因而對世間起出離心，最後見到一比丘的清淨外相，無限嚮往，於是發願出家修行，求證真理。同樣的，「智慧第一」的舍利弗會跟隨佛陀出家也是因為巧遇馬勝比丘，被他的儀表莊嚴，神態清秀，行步時從不左顧右盼的莊嚴威儀所攝受，可見出家人的乾淨、簡單、樸素的外相就是最好的身教，自然能夠讓眾生見之生出清淨心、解脫心與恭敬心。

《地藏十輪經》：「以神通力，現聲聞相。」聲聞就是出家人，為求取生死解脫者，為破除對「相」的貪執，出家時剔除鬚髮，著糞掃衣，佛陀時代，錫杖更為隨身物，而這樣的造型就成為地藏菩薩的特色。在五濁惡世中，地藏菩薩以出家相為祂的工作服，往來於六道中，救度罪苦眾生，令一切眾生尊敬三寶，深信三寶，心生清淨難遭之想，進而上求佛道。《地藏十輪經》說：「一切過去、未來、現在諸佛及諸大菩薩，為了利益眾生，以

大慈悲力，護持兩
件事：第一，為
了紹隆三寶，令
三寶不會斷
絕，於是捨
俗出家，披
上如來的
袈裟。第
二，護持大
小二乘正信
佛法。而這兩
件事，惟有
佛、大菩薩
及發大心
的人才能夠
成就，非大梵
天王，以
及轉輪
聖王
所

能成就。」

摩尼珠

如意寶，即摩
尼珠，此寶能
出生一切，
所求皆遂，
如窮人忽得
伏藏，立刻
大富，地藏
菩薩所成就不
可思議的功德，
是一切解脫珍
寶的根源，
若眾生有種
種艱苦，不得
自在，修持地
藏法門，
一切
皆

可滿足。地藏菩薩的功德，與佛平等，所以敬信菩薩的功德，同樣不可思議。如《十輪經》說：「諸大菩薩所，於百劫中至心皈依，稱名念誦，禮拜供養，求諸所願，不如有人於一食頃，至心皈依、稱名、念誦、禮拜、供養地藏菩薩，求諸所願，悉得滿足。……如如意寶，亦如伏藏。」此外，據《地藏十輪經》言，地藏菩薩如觀世音菩薩一樣，於十方世界現種種身，說種種法，為利益安樂一切有情，令諸眾生所願滿足，如如意寶、亦如伏藏。

錫杖

梵語喫棄羅，譯作錫杖。佛曾告諸比丘：「汝等應受持錫杖。所以者何？過去、未來、現在諸佛皆執故。又名智杖，彰顯聖智故。亦名德杖，行功德本故。聖人之標幟，賢士之明記，道法之正幢。」錫杖是僧人遊方、修行時隨身攜帶的十八物之一，佛陀時代以錫杖為乞食、驅蟲之用，在乞食時，家家戶戶若聽到錫杖上環扣相擊的聲響，就知道有出家人即將來到，欲供養的齋飯應準備拿至門口供養給僧人。另外，僧人以錫杖為隨身物也是為了遊方時可保護自身安危，蟲蛇類若聽到聲響也會躲避。

《地藏菩薩發心因緣十王經》記載，地藏菩薩化身六種形象在六道中度化眾生，稱為「六道地藏」：天賀地藏、放光王地藏、金剛幢地藏、金剛悲地藏、金剛寶地藏、金剛願地藏。其中度化人道的放光王地藏與度化畜生道的金剛悲地藏，都以錫杖為執持物。

每日作息

地藏菩薩過著分秒必爭地到各種地方去度眾生，心心念念只有眾生，為法忘軀。《十輪經》：「地藏菩薩，每日清晨，入恆河沙定。從定起已，遍於十方諸佛國土，成就一切所化有情，隨其所應、利益安樂，地藏菩薩每日清晨還以定力，除刀兵劫，令諸有情互相慈悲，除疫病劫、除飢饉劫，利益安樂諸有情事。」地藏菩薩從一早就開始忙碌，每天晨朝入恒河沙禪定，觀察眾機於二佛中間、無佛世界，教化六道眾生之大悲菩薩也。在《瑜伽師地論》提到：「眾生度盡，方證菩提；地獄不空，誓不成佛。由此願故，煩惱微薄，能修精進，是故我說願波羅密多與精進波羅密，而為助伴。」精進心與願力成為最強的動力來源。

惡道眾生中，地獄眾生最苦，菩薩對苦難眾生，特別慈悲憐憫，所以特重于地獄的濟度。一日三時：早、午、晚，還要到地獄說法，地獄的眾生聽聞到佛法就種下善根，一旦善根萌芽，知道自己所犯種種罪行，發心懺悔，一懺悔，地藏菩薩就送他們出地獄。

地藏菩薩是如何度眾生的？只要有一眾生因具足佛法的觀念行善，那怕只是一根毛、一粒沙、一顆微

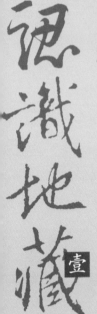
塵那麼小的善事，地藏菩薩都會漸漸的度脫眾生，使他們得到廣大的利益。地藏菩薩針對廣大眾於俗世生死中遭受的各種苦難提供救助，如前世感召之惡業，或種種疾病、因果病、天災人禍、恩怨情仇、三惡道苦、超薦祖先、意外災害、居家平安、生兒育女，以及種種一切大地及三界眾生之修行、生老病死等，都是地藏菩薩願力利益之範疇，若是要說地藏菩薩利益了多少的眾生，還真是百千萬劫說難以道盡的。

工作內容 度盡穢土眾生

在無佛住世的末法時代，地藏菩薩不辭勞苦，特別在穢土中解度眾生，不是情有獨鍾，而是地藏菩薩發願：苦難的地方就是我要去的地方，而這就是祂的願力生命。

末法時代的生活環境充滿了天災人禍與深重的貪、瞋、痴、慢、疑惡習，生活其中的眾生連想要過一個安定的生活都很困難，更何況要他們信仰佛法，修行證悟，簡直是難如登天。《占察善惡業報經》：「...若我去世，正法滅後，像法向盡，及入末世，如是之時，眾生福薄，多諸衰惱；國土數亂，災害頻起、種種厄難、怖懼逼擾。我諸弟子，失其善念，唯長貪瞋痴嫉妒我慢。設有像似行善法者，但求世間利養名稱，以之為主，不能專心修出要法。爾時眾生睹世災亂，心常怯弱，憂畏己身及諸親屬，不得衣食充養軀命。以如此等眾多障礙因緣故，於佛法中鈍根少信，得道者極少，乃至漸漸於三乘中信心成就者，亦復甚少，所有修學世間禪

定，發諸通業，自知宿命者次轉無有，如是於後入末法中經久得道獲信禪定通業等一切全無。」

五濁惡世的眾生習氣剛強、難調難伏，在未得解脫前性識不定，隨著因緣的變化，一下行善、一下造惡，地藏菩薩才剛剛費盡千辛萬苦將他們從地獄中救拔出來，但眾生卻因習重，馬上又自動到地獄報到，因此地藏菩薩永遠有度不完的眾生在等待他救拔，不過菩薩從不以此為苦，總是充滿著無比的耐心，默默地守候，不論時空久遠，其願無盡。

地藏菩薩的履歷

那麼地藏菩薩又曾有過哪些工作經驗，才能成為今天利生事業的總經理呢？我們可以從幾個履歷中瞭解地藏菩薩的身世背景。

地藏王乃「願門之主」，曾經發大誓願：「眾生度盡，方證菩提，地獄不空，誓不成佛」。祂在各時期有不同的化身，在「不可說」、「不可說劫」時期，地藏王曾在佛陀面前立下大願：「我為罪苦六道眾生，廣設方便，眾生解脫苦海，而我自身方成佛道。」地藏菩薩的大願是度盡六道眾生，否則就不願成佛。

在釋迦佛還未把我們交

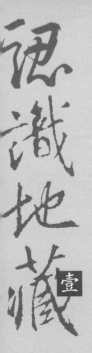

託於地藏菩薩以前，地藏菩薩在這個娑婆世界度眾生已經有十一劫之久，地藏菩薩於過去無量無邊不可數劫以前，就已證得十地菩薩果位，在地藏菩薩還處於初發心人身時，即曾數度發大願救度一切眾生。

歷任　長者子

據《地藏本願經》記載，地藏菩薩於過去不可說久遠劫以前曾為大長者之子，當時正有獅子奮迅具足萬行如來住世，長者子見佛相好莊嚴，心生大歡喜，故問如來：「要如何修行及持何願力，方可成就如此相好莊嚴呢？」這時佛告訴長者子：「欲得此身，當久度一切苦惱眾生。」長者子聞言因而發下大願：「我從今起一直到未來無量劫中，為苦難六道眾生，廣設方便，

悉令解脫，我方成佛。」此即大願地藏王菩薩所發之「地獄未空，誓不成佛，眾生度盡，方證菩提」之大願力。

歷任　國王

此外，在無量劫以前，有佛號一切智成就如來，其佛壽命六萬劫，未出家時為一小國王，當時地藏菩薩為其鄰國的小國王。二王相交甚篤，一齊學佛，同以十善利益子民。然而鄰國內，所有人民心性倔強，多造惡業，不修善法。看到如此景象，一王發大願：「願我早成佛道，普度群生。」另一王則發願：「若不先度罪苦，令是安樂得至菩提，我終未願成佛。」

發願早成佛道者出了家，精進修行，速證佛果，號一切智成就如來。而另一王發願永度罪苦眾生，

直到今日，仍是本其初衷，難行能行，不辭艱辛地度化難調難伏的眾生，這個國王就是大願地藏王菩薩。

歷任 孝女--婆羅門女

在無始輪迴中，地藏菩薩亦曾以女身來修行，多生多世為救母親出離地獄而發大願，甚而不忍見地獄中的眾生受苦，化小愛為大愛，普度眾出苦海。

《地藏菩薩本願經》的記載裡，久遠以前，時世有佛，號覺華定自在如來，同時地藏菩薩為婆羅門女，宿福深厚眾所欽敬，行住坐臥有諸天衛護，其母名悅帝利，不信因果，修習邪門外道，常輕三寶，並造殺生業，所以命終後即墮在無間地獄，受大苦難。

婆羅門女非常孝順，母亡後，日夜思念，輾轉不能成眠，遂變賣家宅財產，廣買香燭花果，到各佛寺布施供養，至誠恭敬，一心稱念佛號，垂泣良久欲求見其母，終於感動覺華定自王如來，現身告知端念其佛號，便知母所生去處。

經一日一夜念佛號後，婆羅門女被無毒鬼王迎入地獄各苦海尋找母親，到到生前造惡業的眾生，現在都在地獄中受盡各種荼毒，婆羅門女憂心忡忡，無毒鬼王得知母親的名字後，告訴婆羅門女，其母因有孝順之子為其廣做布施供養功德，早已於三天前升天享福，同時在無間地獄中受苦的眾生，也在這一天悉得受樂。善良的婆羅門女醒來後，為憐憫地獄中的眾生，繼而於覺華定自在如來像前立弘誓願：「願我盡未來劫，應有罪苦眾生，廣設方便，使令解脫。」

認識地藏 壹

歷任 孝女－光目女

另一記載，是在過去無量阿僧祇劫，在清淨蓮華目如來時代，其時有一羅漢，福度眾生，地藏菩薩當時也是一孝女，名曰光目，設食供養羅漢。她的母親生前貪吃小魚小鱉，且喜吃其卵，計其命數，千萬復倍。光目因母親殺生，死後恐遭三途惡道的果報，遂藉供僧因緣，懇請阿羅漢入定觀察，果然見母親在地獄受極大苦，光目女傷心欲絕，求羅漢設法相救。

羅漢教光目女至誠念誦清淨蓮華目如來名號，兼塑畫形像誠心供養之，忽於夜後見佛告曰，其母即將轉世投胎為家中婢女之子。三日後，婢女之子告訴光目女：「生死業緣，果報自受，吾是汝母，久處暗冥。自別汝來累墮大地獄，蒙汝

福力方得受生爲下賤人，又復短命，壽年十三更落惡道」光目聞畢知是母親無疑，啼淚號泣，對空發大誓願：「若得我母，永離三塗及斯下賤及至女人之身，永劫不受者，從今日在清淨蓮花目如來前，卻後百千萬億劫中，應有世界，所有地獄、及三惡道諸罪苦眾生，誓願救拔令離地獄、惡趣、畜生、餓鬼等，如是罪報等人盡成佛竟，我然後方成正覺。」由於光目廣大願力，其母終於得以脫離惡道，並於往後無數劫中皆出生於無憂國土，最後也將圓成佛果，度化無量無邊的眾生，成爲解脫菩薩。

歷經累世的輪迴，地藏菩薩分別以不同的人身發下多次的大願，地藏菩薩的偉大精神承繼於釋迦佛，《十輪經》說：「我今學世尊發如是願，當於此穢土得無上菩提。」釋迦牟尼佛出現於穢惡世界，並於此穢土成佛。地藏菩薩也學習釋迦佛，發願在此穢土度眾生、成佛，可說是釋迦佛的眞正繼承者。

如果地藏菩薩在累世輪迴中沒有發願度盡眾生，那麼今天他會在哪裡呢？也許是繼續當一個孝女，繼續在輪迴中沈沈浮浮，過著無法自主的業力生命，終日爲母憂心，不知何去何從。但如今這個「戰鬥值最高」的菩薩成爲宇宙間最忙碌的「超人」，從業力的生命進入願力的生命中，將小愛化爲大愛，爲了成就有情，不論是怎樣的國土，地藏菩薩都能隨其悲願，常住其中，運用各種方便，不知利益了多少眾生，成就了多少地藏菩薩的化身，這就是地藏菩薩最不可思議的伏藏所在。

大願解脫法門

當年地藏菩薩在忉利天受釋迦如來囑咐，「地藏、地藏！記吾今日在忉利天中，於百千萬億不可說不可說一切諸佛、菩薩、天龍八部之中，再以人天諸眾生等，未出三界，在火宅中者，付囑於汝，無令是諸眾生，墮惡趣中一日一夜，何況更落五無間及阿鼻地獄，動經千萬億劫，無有出期。」

《地藏經》：「汝觀吾累劫勤苦，度脫如是等難化剛強罪苦眾生，其有未調伏者，隨業報應，若墮惡趣受大苦時，汝當憶念吾在忉利天宮殷勤付囑，令娑婆世界至彌勒出世以來眾生，悉使解脫，永離諸苦，遇佛受記。」

地藏菩薩也承諾佛說：「我從久遠劫來蒙佛接引，使獲不可思議神力，具大智慧，我所分身遍滿百千萬億恆河沙世界，每一世界化百千萬億身，每一身度百千萬億人，令皈敬三寶、永離生死，至涅槃樂。...如是三白佛言：唯願釋尊不以後世惡業眾生為慮。」

《華嚴經》卷七十七：「一切佛事，從大願起。」在佛滅後的末法時代中，眾生根鈍，煩惱深重，修行悟証者少，墮落者多，地藏菩薩於佛前擔負起度末法時代眾生的大願，願於穢惡世界救度眾生，因此地藏菩薩與我們是非常有緣的。地藏法門又特重於如何使人不墮惡道？於臨終將墮惡道時應如何救濟？已墮者，又應如何幫助他們？菩薩設有種種方便法門利益眾生，修行地藏菩薩法門，即是尋求生命的自主性。

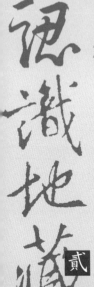

如何使衆生不墮地獄

地藏菩薩發願在五濁惡世救衆生，而衆生中最苦惱者非地獄莫屬，所以衆所週知地藏菩薩的悲願力是爲了救脫地獄的衆生，但菩薩更著重於如何使衆生不墮地獄，因此地藏菩薩苦口婆心地勸衆生瞭解因果業報，不造墮入地獄的惡因，這才是救度衆生的好辦法。地藏菩薩在《地藏經》與《十輪經》中都特別說明若有衆生造了重罪或惡業，死後將墮無間地獄，且無有出期，要不墮地獄，可歸納爲一個中心理念：「尊敬三寶、深信因果」。因爲若正法在世間遭受毀謗迫害，世間衆生將失去清淨、解脫的依靠。

地獄由心生　果報還自受

地藏經的〈覺林菩薩偈〉所言：「若人欲了知，三世一切佛，應觀法界性，一切唯心造。」地獄存在於人心中，一切仍是人的造作所產生，難逃因果，在惡因緣的業報現前時，心陷苦海，便如在地獄受苦。地藏經指出，地獄乃在三苦海之中，其數百千，大者有十八，次有五百，苦毒無量，人們日夜萬死千生，輾轉受罪，求出無期，受盡因果之刑。

《地藏經》〈地獄名號品〉說：「業力甚大，能敵須彌、能深巨海、能障聖道。是故衆生莫輕小惡以爲無罪，死後有報纖毫受之。父子至親、岐路各別，縱然相逢、無肯代受。」在〈閻浮衆生業感品〉也說：「生死業緣，果報自受」。地藏菩薩前世爲光目女時，其母生前造惡墮惡趣，又轉生爲婢女之子，對女兒坦然告白，所謂一切唯心造，

業從心生，地獄中種種可怕、痛苦的景象也是由人心所造作出來的，受苦也是自己的心承受苦報。

昔日，佛在世的時侯，有一位比丘，在尸陀林中坐禪。見到一位天人，從天上下來，撒花在一死屍身上，比丘問他為何撒花在死屍身上，天人說：「這死屍是我的前身，因為它修五戒十善，令我如今生在天上享福，所以我要散花來多謝它。」比丘說：「你應該散花在你自己的心上，是你自己的心修五戒十善。」天人聽了之後就醒悟過來。

不久，比丘見到另一隻鬼打另一死屍，比丘問他為何要打這死屍。鬼說：「這死屍是我的前身，因為它慳貪嫉妒，至令我今世成為餓鬼。」比丘說：「你應該打自己的心，因為是你的心慳貪嫉妒，不是你的前身慳貪嫉妒。」鬼聽了之後，又醒悟過來。

五無間罪

一般地獄已經是苦不堪言，何況還有無間地獄？其苦更難形容。如《地藏經》〈觀眾生業緣品〉說：「無間獄者，其獄城周匝八萬餘里；其城純鐵，高一萬里；城上火聚，少有空缺。其獄城中，諸獄相連，名號各別；獨有一獄，名曰無間。其獄周匝萬八千里，獄牆高一千里，悉是鐵馬。上火撤下、下火撤上；鐵蛇鐵狗、吐火馳逐，獄牆之上，東西而走。獄中有床，遍滿萬里，一人受罪，自見其身遍臥滿床。千萬人受罪，亦各自見身滿床上，眾業所感，獲報如是！」

若眾生造下五無間罪，將墮無間地獄，無量劫受苦，求出無期，無

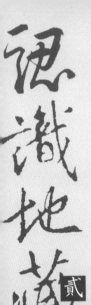

間地獄較之其他一般地獄受報時間更爲長久、所受的痛苦也是更巨大的。

形成五無間重罪有以下幾類：

1. 若有眾生不孝父母，或至殺害，當墮無間地獄，千萬億劫，求出無期。

2. 若有眾生出佛身血、毀謗三寶、不敬尊經，當墮無間地獄，千萬億劫，求出無期。

3. 若有眾生侵損常住，玷污僧尼或伽藍內恣行淫慾，或殺或害，如是等輩當墮無間地獄，千萬億劫，求出無期。

4. 若有眾生僞作沙門、心非沙門、破用常住、欺誑白衣、違背戒律，種種造惡，如是等輩，當墮無間，千萬億劫求出無期。

5. 若有眾生偷竊常住財物穀米、飲食衣服，乃至一物不與取者，當墮無間地獄。

《十輪經》卷四：「於十惡輪，或隨其一、或具成就，先所修集一切善根，摧壞毀滅...命終定生無間地獄。」輪是摧壞義，能破壞一切功德善根，所以叫做惡輪，十惡輪即十種惡事，犯一種或俱犯，向來所修之功德，全被破壞無餘，故名十惡輪。

【十惡輪】

1. 謗阿蘭若：毀謗在寂靜處修清淨行的出家人

2. 謗聲聞乘

3. 謗獨覺乘

4. 謗菩薩乘

5. 瞋害有學有德的比丘

6. 瞋害破戒比丘

7. 侵奪清淨僧物，迴與破戒比丘

8. 毀害講經說法的法師

9. 侵奪僧物

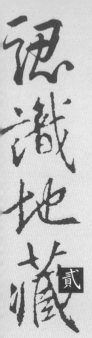

10. 毀寺逐僧

而在無間地獄受罪的時間與空間是：

「一者，日夜受罪，以至劫數，無時間絕，故稱無間。

二者，一人亦滿，多人亦滿，故稱無間。

三者，罪器叉棒、鷹蛇狼犬、碓磨鋸鑿、剉斫鑊湯、鐵網鐵繩、鐵驢鐵馬、生革絡首、熱鐵澆身、饑吞鐵丸、渴飲鐵汁、從年竟劫、數那由他、苦楚相連、更無間斷，故稱無間。

四者，不問男子女人，羌胡夷狄、老幼貴賤、或龍或神、或天或鬼，罪行業感，悉同受之，故稱無間。

五者，若墮此獄，從初入時，至百千劫，一日一夜，萬死萬生，求一念間暫住不得，除非業盡，方得受生，以此連綿，故稱無間。」

廿三種因果報應

《地藏經》總括重點地提到「廿三種因果報應」，如是因如是果，讀之令人深起警惕，若能謹言慎行，知因知果，自然可免造下重大罪業。地藏菩薩在《占察善惡業報經》裡很明確的告訴我們：「如果有人害怕將來墮落三惡道或是害怕生在八難之處，就應該時時刻刻誦念我地藏菩薩摩訶薩的名號。」

1.若遇殺生者，說宿殃短命報

2.若遇竊盜者，說貧窮苦楚報

3.若遇邪淫者，說雀鴿鴛鴦報

4.若遇惡口者，說眷屬鬥諍報

5.若遇毀謗者，說無舌瘡口報

6.若遇瞋恚者，說醜陋癃殘報

7.若遇慳吝者，說所求違願報

8.若遇飲食無度者，說飢渴咽病報

9. 若遇畋獵恣情者，說驚狂喪命報

10. 若遇悖逆父母者，說天地災殺報

11. 若遇燒山林木者，說狂迷取死報

12. 若遇前後父母惡毒者，說返生鞭
撻現受報

13. 若遇網補生雛者，說骨肉分離報

14. 若遇毀謗三寶者，說盲聾瘖瘂報

15. 若遇輕法慢教者，說永處惡道報

16. 若遇破用常住者，說億劫輪迴地
獄報

17. 若遇污梵誣僧者，說永在畜生報

18. 若遇湯火斬斫傷生者，說輪迴遞
償報

19. 若遇破戒犯齋者，說禽獸飢餓報

20. 若遇非理毀用者，說所求闕絕報

21. 若遇吾我貢高者，說卑使下賤報

22. 若遇兩舌鬥亂者，說無舌百舌報

23. 若遇邪見者，說邊地受生報

地藏菩薩發願：「若有男子女人不行善者、行惡者，乃至不信因果者，邪淫妄語者、兩舌惡口者、毀謗大乘者，如是諸業眾生，必墮惡趣，若是遇到善知識，勸其在一彈指的時間中皈依地藏菩薩，這樣的話，眾生必解脫三惡道報。」

地獄的罪苦究竟如何呢？在地藏經的〈地獄名號品〉中已清楚說明，因此有福報幸得人身，其數如爪上塵，墮地獄者，多如大地塵土，因此日常生活中，對於個人的身口意行為，應隨時注意、反省，千萬不要造下墮地獄的罪業，因為所造之業自作自受，無人可替，縱使是親如父子，在地獄中相逢，也是各走各的，無法代受。

《地藏十輪經》裏，釋迦佛指出，有兩種人可以稱得上為無罪：

1. 秉性專精，本來就無造罪。

2. 犯了罪後能起慚愧心，發露懺悔。

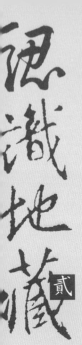

這兩種在佛法中都可以稱爲清淨無罪，不過懺悔不是一日兩日拜地藏菩薩，而是要天天拜地藏菩薩，直至與地藏菩薩懺悔法相應爲止。

地獄本來無，如果眾生不造惡業，眼前無果報，死後無地獄。地藏菩薩慈悲度眾生，誓度眾生之苦，苦從罪業生，所以菩薩教導眾生不要造業，無業自然無苦，如何可以不造業呢?行五戒十善就可以不受惡業所苦。

如何救濟重病者

若未來世，有人久處床枕，求生求死、了不可得，或夜晚夢見惡鬼乃及自己的親人眷屬，或多魘寐、共鬼神遊；日月歲深、轉復尫瘵、眠中叫苦，慘悽不樂者，這都是因爲業道論對、未定輕重，或難捨壽或不得癒。

這時只要在諸佛菩薩像前，高聲讀地藏經一遍，或取病人喜歡的東西，如衣服、財物寶貝、莊園舍宅，在病人面前說：我某甲等，爲了此病人，在經像前捨此物等，用來供養經像、造佛菩薩形像、造塔寺、燃油燈或布施給寺院，這樣說三遍，使病人知曉，承斯功德，尋即除癒、壽命增益。

若是業報命盡，亦可因此即生人天，受勝妙樂。

如何救濟臨終者

1.臨命終時，父母眷屬，宜爲設福以資前路，或懸幡蓋及燃油燈、或轉讀尊經、或供養佛像及諸聖像，乃至念佛菩薩及辟支佛名字，一名一號，歷臨終人耳根或聞在本識，是諸眾生所造惡業，計其感果，必墮惡趣，緣是眷屬

為臨終人修此聖因，如是眾罪，悉皆消滅。

2. 臨命終日，六道眾生若能聽聞地藏菩薩名字，一聲聖號，直達耳根，此人即永不歷三惡道苦；若更能為其布施、念經、設大供養、放生作福，則更不會墮落。

3. 臨命終時，若聞一佛名、一菩薩名、一辟支佛名，不問有罪無罪，悉得解脫。

如何救度亡者

1. 除了在臨終時為亡者做諸功德外，若能更為身死之後，七七日內廣造眾善，能使亡者永離惡趣，得生人天，受勝妙樂；現世的眷屬，也會因此得無量利益。

2. 家有臨終眷屬，慎勿於臨終日殺害眾生及造惡緣、拜祭鬼神、求諸魍魎，因為這些都對亡者無益，反而因此結下罪緣，使原來的罪業更加深重。

3. 七天中讀地藏經，這樣命終之後，宿殃重罪乃至五無間罪，永得解脫。而且，所受生處，常知宿命。

4. 若有人在生不修善因，多造眾罪，命終之後，眷屬為造福利，七分之中，亡者獲一分功德、生者獲六分。因此現世善男女等應於生前多多精進修行，否則無常大鬼不知何時將到，若往生後，依生前所造業，決定投生處所，現世眷屬雖然為之造福利，但所得功德仍非常有限。

5. 若為亡者設齋供養，米泔菜葉不浪費、或棄地，諸食未獻佛僧，勿得先食，否則亡者無法獲益。

如何救度臨墮惡趣者

有天人受天福盡，有五衰相現，或有墮於惡道者，此時若見地藏菩薩像或聞地藏菩薩名，一瞻一禮，是諸天人，轉增天福，受大快樂，永不墮三惡道報。

如何救度已墮惡趣者

若未來世諸眾生等，或夢或寐，見到諸鬼神，或悲、啼、愁、嘆、恐怖，這都是一生、十生、百生、千生，過去父母、男女弟妹、夫妻眷屬在惡趣中，未得出離，希望得到宿世骨肉的幫助，使他們能脫離惡道。

此時，在諸佛菩薩像前，專心讀誦地藏經、或請人讀三遍或七遍，這樣墮在惡道的眷屬在唸完經後也同時得到解脫。

如何於現世修行

釋迦佛曾讚嘆地藏菩薩的功德：「聞是菩薩名字，或讚嘆、或瞻禮、或稱名、或供養，乃至彩畫、刻鏤、塑漆形象，是人當得百返生於三十三天，永不墮惡道。」

在現世中，地藏法門非常多元，總括來說，若是護持佛法僧三寶，則可得到現世與來世多種福報。以下舉例說明：

一、 新產者

1. 閻浮提人初生或欲生時，但作善事，增益舍宅，自令土地無量歡喜，擁護子母，得大安樂，利益眷屬。已生之後，慎勿殺生，取諸鮮味給產母食用或廣聚眷屬，飲食酒肉、歌樂絃管，這些都會使子母，不得安樂。

2. 一切人有新產者，或男或女，七

日之中，早與讀誦地藏經，更念地藏菩薩名萬遍，這樣，新產之子的宿世殃報，便得解脫，安樂易養、壽命增長。若是承福生者，轉增安樂及與壽命。

二、 轉女成男

1. 若有女人，厭女人身，盡心供養地藏菩薩畫像，及土石膠漆銅鐵等像，如是日日不退，常以華香、飲食、衣服、繒綵幢旛，錢寶物等供養。是善女人盡此一報女身，百千萬劫更不生有女人世界，何況復受，除非慈願力故，要受女身、度脫眾生，承斯供養地藏力故及功德力，百千萬劫不受女身。

2. 若有女人，厭是醜陋，多疾病者，但於地藏像前志心瞻禮，食頃之間，是人千萬劫中，所受生身，相貌圓滿。是醜陋女人，如

不厭女身，及百千萬億生中，常為王女、王妃、宰輔大姓、大長者女，端正受生，諸相圓滿，由志心故，瞻禮地藏菩薩，獲福如是。

三、 尋親

若有乳哺時或十歲以下，亡失父母或亡失兄弟姊妹，是人長大後，思憶父母及諸眷屬，不知落在何方，若能塑畫地藏菩薩形像乃至聞名，一瞻一禮，一日至七日，其心不退，聞名、見形、瞻禮、供養。是人眷屬若墮在惡趣者，將因此解脫，生人天中；如有福力，已生人天，受勝妙樂，將因此功德，轉增聖因，受無量樂。

若是人能在三七日中，一心瞻禮地藏形像，念其名字滿萬遍，當有菩薩現身告訴是人眷屬生界，或在夢中，菩薩現大神力，親領是人，

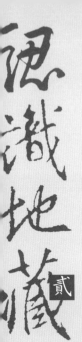

於諸世界見諸眷屬。若每日更能念菩薩名千遍,連續千日,地藏菩薩將遣所在土地鬼神,終身衛護,現世衣食豐溢、無諸疾苦,乃至厄難不入其門,何況及身。最終還能得地藏菩薩摩頂授記。

四、 聰明利根

若有人於大乘經典深生珍重,發不思議心,欲讀欲誦,縱遇明師教視令熟,但旋得旋忘,經過年月之久,還是不能讀誦,這是因為有宿世業障,尚未消除。

這樣的人若見地藏菩薩像,具以本心恭敬陳白,更以香花、衣服、飲食、一切玩具供養,再以淨水一盞,經一日一夜安菩薩前,然後合掌請服,接著迴首向南,已至誠鄭重之心服下淨水。之後不沾五辛酒肉、邪淫妄語及諸殺害,一七日或三七日,這樣將在睡夢中見到地藏菩薩現無邊身對其授灌頂水。是人醒後,即獲聰明,經典一歷耳根,即當永記,不忘失一句一偈。

五、 懺悔

若有諸下賤等人,或奴或婢,乃至諸不自由之人,覺知宿業,要懺悔者,志心瞻禮地藏菩薩形像,乃至一七日中,念菩薩名可滿萬遍,如是等人,盡此報後,千萬生中,常生尊貴,更不經三惡道苦。

六、 地藏菩薩十齋日

於月一日、八日、十四日、十五日、十八日、廿三、廿四、廿八、廿九日乃至三十日,是諸日等,諸罪結集,定其輕重,南閻浮提眾生舉止動念,無不是業、無不是罪,何況恣情殺害、竊盜、邪淫、妄語、百千罪狀,能於十齋日,對佛菩薩諸賢聖像前,讀地藏經一遍,這樣東、西、南、北,百由旬內,

沒有災難。而且，這戶人家長幼大小，現在未來百千歲中永離惡趣。因此若能在每個月的十齋日誦地藏經一遍，此戶人家也沒有橫病，衣食豐溢。

1.天龍護念	15.或爲帝王
2.善果日增	16.宿智命通
3.集聖上因	17.有求皆從
4.菩提不退	18.眷屬歡樂
5.衣食豐足	19.諸橫消除
6.疾疫不臨	20.業道永除
7.離水火災	21.去處盡通
8.無盜賊惡	22.夜夢安樂
9.人見欽敬	23.先亡離苦
10.神鬼助持	24.宿福受生
11.女轉男身	25.諸聖讚嘆
12.爲王臣女	26.聰明利根
13.端正相好	27.饒慈愍心
14.多生天上	28.畢竟成佛

七、 廿八種功德利益

若有人持誦、稱念或禮拜地藏菩薩，或受持讀誦地藏經，佈施供養即得廿八種功德利益，概括所有眾生的希望欲求。

八、地藏王菩薩滅定業真言

地藏滅定業真言，在中國千年來受持者眾多，可消去業障或惡業，因而逢凶化吉者不可計數。對於居家生活，平安健康及明心見性都有幫

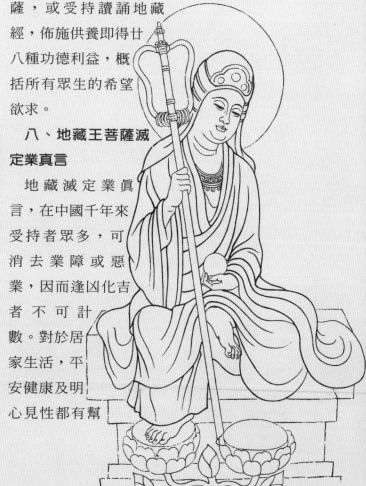

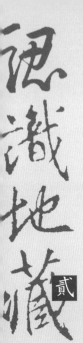

助，正所謂眞言者，諸佛之秘密總持是也。滅定業眞言，可用來內修，有修眞、消災、消劫、解冤、解怨、超度、利益鬼道眾生、逢凶化吉、除因果病、風調雨順...等極多利益。

地藏菩薩滅定業眞言，載于宋蒙山甘露法師不動集，蒙山施食儀中。未審出何經，地藏菩薩滅定業眞言：藏傳譯音：

嗡 不 拉 嘛 尼 打 累 娑 哈
Om Bla Ma Ni Da Rei So Ha

古梵文譯音：

嗡 缽 囉 末 鄰 陀 寧 娑 婆 訶
Om Pramardane Sva Ha

持誦：

大慈大悲，十輪拔苦，本尊地藏王菩薩（三稱三拜，以後念下文）

南無佛、南無法、南無僧，南無冥陽救苦地藏王菩薩。

唵。缽囉末鄰陀寧。娑婆訶

藕益大師曾寫〈化持滅定業眞言一世界數莊嚴地藏聖像疏〉：

「釋迦佛謂定業不可救，所以寒造罪之心。地藏菩薩說滅定業眞言，所以慰窮途之客。旭，少習東魯，每謗西乾，成觀音大士感觸攝受，後聞《地藏本願尊經》始發大心，誓空九界...唯地藏慈尊，悲深願重，專愍剛強，尚能轉我當年殷厚邪心，使得正信出家，豈難轉大地眾生無知過犯，使歸眞際乎。...」

十、地藏心咒

地藏心咒也是屬於地藏大法中重要之一環，借助地藏菩薩之佛力加持或占察自己三世因果、吉凶禍福時，可持地藏菩薩之心咒，平日持心咒較易與地藏菩薩的願力相應，而可善學地藏菩薩的一切法門。

東密：

唵 訶 訶 訶 尾 娑 摩 曳 娑 婆 賀

OM HA HA HA VISMAYE SV AHA

意譯：

歸命地藏菩薩威神力加持，成就吉祥吧！

OM HA HA HA VISMAYE SV AHA

敬禮(即歸命) 離三乘(菩薩, 緣覺, 聲聞)行因，成就佛道！

藏密：

地藏心咒：

嗡請 嘿拉渣沙哇悉地吽

Om Ching Hei La Ja Sa Wa Si Di Hum

地藏心咒加持誦：

嗡請 嘻拉渣沙哇悉地吽

Om Ching He La Ja Sa Wa Si Di Hum

十一、地藏三經

如何修持地藏菩薩法門？一般人熟悉持誦《地藏菩薩本願經》（簡稱地藏經），其實地藏菩薩法門總共有三部經是普遍流通

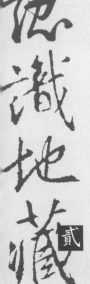

的，即所謂「地藏三經」：《地藏菩薩本願經》、《大乘大集地藏十輪經》和《占察善惡業報經》。

《地藏菩薩本願經》

此經出現是佛陀的生母──摩耶夫人所說，摩耶夫人在佛陀出生七天後就往生了，後來佛陀成道後，上升忉利天爲母說法，因此《地藏菩薩本願經》被認爲是佛教的孝經，佛陀爲母說過去地藏菩薩宿世爲孝女，爲救母出地獄，終而發大願廣度眾生，此經分爲上、中、下三卷，長短適中，是修持地藏法門的通行法本。

此經於唐朝由實叉難陀所譯，明代以後，依據《地藏菩薩本願經》而有的信仰大為流行，如法超薦祖先，凡此種種都是我國佛教界對地藏菩薩產生深邃敬意的原因。經中其中簡明詳述地藏菩薩的願力、因果業報、本生故事及修行地藏法門種種殊勝的功德，一般學佛之人，每每亦以《地藏菩薩本願經》，作為個人修持之功課，或發心書寫、讀誦、印刷流通。

本經內容攸述之地獄景況與地藏菩薩本生婆羅門孝女之性格，與民間信仰契合，不僅在中國明清時即已大為流行；在日本，地藏菩薩之信仰始自平安中期，興盛至今，地藏菩薩為兒童之救護者，又有如育子地藏、子安地藏專事救護育子之事。

修習「地藏經」的人，在日常生活中應當依止地藏經，生活要以本經的見、修、行、果為中心，不斷地了悟經中的心要，務使自身融入經典。以此世間為本經之示現，以地藏菩薩之正見為見地，以地藏菩薩之修持為修持，以地藏菩薩之行為己行，圓滿證悟地藏菩薩。

《大乘大集地藏十輪經》

唐朝由玄奘翻譯，佛依地藏菩薩之問而說十種佛輪，十輪即是佛的十力，並廣說地藏菩薩入種種定，由此定力，令有情眾生利益安樂。

又廣說有能至心稱名念誦歸敬供養地藏菩薩摩訶薩者，所獲種種利益安樂，如離諸憂苦、飲食無憂、一切皆得如法所求，衣服寶飾醫藥床敷及諸資具無不備足；隨其所應，安置生天涅槃之道、愛樂合會，怨憎別離等，凡所求必有所願。

《占察善惡業報經》

隨朝的菩提燈翻譯，共二卷。占察經大旨，地藏菩薩為示三種輪相，占察三世善惡業報，兼示懺悔法及大乘實義的經典。

木輪相法

佛陀住世時曾定下戒律，嚴禁佛弟子使用神通，連卜卦、相命、易術、星相等都嚴加禁止，因為「神通難抵業力」，只有正信的佛法才能帶領眾生消除宿業、出離三界、了脫生死。但末法眾生習氣重，生活、修行、健康、事業、三世因果、疾病等問題也確實困擾著現代眾生，因此佛陀特別為末法眾生及三寶弟子，介紹了地藏菩薩的悲願功德、大神通力，以及救度眾生之方便法門，佛陀唯一承認並允許，就是「地藏菩薩木輪相法」。

《占察經》說：「於世間、出世間因果法中，未得決定信，不能修學無常想、苦想、無我想、不淨想，成就現前，不能勤觀四聖諦法及十二因緣法，亦不勤觀眞如實際、無生無滅等法，以不勤觀如是法故，不能勤觀四聖諦法及十二因緣法，亦不勤觀眞如實際、無生滅無滅等法，以不勤觀如是法故，不能畢竟不作十惡根本過罪，於三寶功德、種種境界，不能專信，於三乘中皆無定向，如是等人，若有種種諸障礙事、增長憂慮，或疑或悔，於一切處、心不明了、多求多惱、眾事牽纏，所作不定，思想擾亂、廢修道業，有如是等障難事者，當用木輪相法。」

木輪相法是依據地藏菩薩之願力加持後，再透過特製的占察木輪器具來占察檢測一人的現在、過去、

未來宿世因果，每個人生生世世所
造的罪業或行善積德等十善業及十
惡業，都透過我們的身、口、意，
攝受儲存於八識田中。

　木輪相法的原理非常精密及殊
勝，修持木輪相法的人，初發心
先正確發願：「若欲占此輪相
者，先當學至心總禮十方一
切諸佛，因即立願，願令十
方一切眾生速疾皆得親近供
養、諮受正法；次應學、至
心敬禮十方一切法藏，因即立
願，願令十方一切眾生，速
疾皆得受持、讀誦，如
法修行、及為他說；次
當學，至心敬禮一切賢
聖，因即立願，願十方
一切眾生，速疾皆得親
近供養、發菩提心，至
不退轉；後應學、志心禮我地

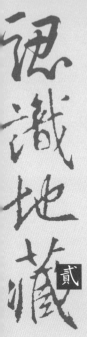

藏菩薩摩訶薩，因即立願，願立十方一切眾生，速得除滅惡業重罪，離諸障礙、資生眾具，悉皆充足。」而且必需深知「一切法本來寂靜、無生無滅、一味平等、離念清淨、畢竟圓滿。」有了正確的觀念後，才不會著在善、惡相中，反而貪著樂習世間種種卜筮、占相吉凶。

欲占察善惡業報者，需修持地藏法門，且要熟讀《占察經》，先懺悔宿世所造一切惡業，修持地藏心咒、滅定業真言或常持地藏聖號，地藏木輪相法可預測及占察的，可分為三輪來占察：

1、一者輪相，能示宿世所作善惡業種差別。

2、二者輪相，能示宿世集業，久近所作強弱、大小、差別。

3、三者輪相，能示三世中受報差別。

占察內容有八大類、共一百八十九支籤，分成幾大項：

1、在修持佛法上及道業精進上等，是否修錯或修偏。

2、有關人世間的學業、事業上之問題。

3、有關人際、姻緣、親戚、子女等方面之問題。

4、在事情、事物、財物、器具方面之問題。

5、有關國家、社會、出外、遷移、居家、災劫、吉凶等之問題。

6、有關於夢境吉凶方面之問題。

7、目前災難可否化解。

8、測身體健康，若生病用何方法治療。

透過虔修地藏法與地藏菩薩相應，都可解答各種疑難雜症。如果占察不準或不相應時，首先要看看自己修地藏木輪如不如法？是否不

夠專心虔誠？應該先懺悔罪障，再專心行占察。

木輪相法是靠地藏菩薩之神力和我們的誠心所得到的感應，如果心念不誠淨或者儀式不如法，不管占卜多久都沒有答案，而縱使沒占到答案，並非完全沒有收獲，因為誦念聖號和禮拜聖像的福德，一樣可以消除業障。

實相修法

任何一種法門都是菩薩度眾生的方便，其目的都是要引領眾生認識諸法實相，唯有證入諸法真實相，才真正不受善惡業果所左右，《占察善惡業報經》卷下，地藏菩薩開示「一實境界」，及達到此境界的「唯心識觀」、「真如實觀」二種觀法。經中言，若能修學地藏法門，速得增長淨信之心，所有諸障漸漸損減，地藏菩薩稱機悲願，無苦不拔，無樂不與。

《占察經》：「堅淨信菩薩問地藏菩薩，云何開示求大乘者？」

地藏菩薩開示：應依止「一實境界」，以修信解力增長，速疾得入菩薩種性。地藏菩薩對一實境界的開示，有以下三方面：

一、 生佛無別，同一真如。

眾生心體，從本以來不生不滅、自性清淨、無障無礙、猶如虛空、離分別故，平等普遍，無所不至、圓滿十方，究竟一相，無二無別、不變不異、無增無減。以一切眾生心、一切聲聞辟支佛心、一切菩薩心、一切諸佛心，皆向不生不滅、無染寂靜、真如相故。

二、 妄心無體，妄境不實。

一切有心起分別故者，猶如幻化，無有定實，所謂識、受、想、

行、憶念、緣慮、覺知等種種心數，非青非黃、非赤非白、亦非雜色，無有長短方圓大小，乃至盡於十方虛空一切世界，求心形狀，無一區分而可得者。

但以眾生無明癡暗、薰習因緣、現妄境界、令生念著。所謂此心不能自知，妄自謂有，起覺知想，計我我所，而實無有覺知之想，以此妄心，畢竟無體，不可見故。若無覺知能分別者，則無十方三世一切境界差別之相，以一切法皆不自有，但依妄心分別故有。

三、 心境互依，似有實無。

一切諸法，皆從妄想生，依妄心為本，然此妄心，無自相故，亦依境界而有，....所謂心生故則種種法生，心滅故種種法滅。是生滅相，但有名字，實不可得。...

譬如虛空，悉能容受一切色相種

種形類，以一切色相種種形類，皆依虛空而有，建立生長、住虛空中，為虛空處所攝，以虛空為體，無有能出虛空界分者。

修學二種觀法

第一修：唯心識觀

於一切時、一切處隨身口意所有作業，悉當觀察，知唯是心乃至一切境界，若心住念，皆當察知，勿令使心無際攀緣，不自覺知。於念念間，悉應觀察，隨心所有緣念，還當使心隨逐彼念，令心自知，知己內心自生想念，非一切境界有念有分別也。

步驟有以下三點：

1、修色寂三昧：若於坐時，隨心所緣，念念觀知，唯心生滅，譬如水流、燈炎，無暫時住，從是當得色寂三昧。

2、修奢摩他觀：得色寂三昧已，進一步當修奢摩他觀，思惟內心不可見相、圓滿不動、無去無來、本性不生，離分別故。

3、修毗婆舍那觀：想見內外色，隨心生、隨心滅，乃至習想見佛色身，亦復如是，隨心生、隨心滅，如幻如化、如水中月、如鏡中像、非心不離心、非來非不來、非去非不去、非生非不生、非作非不作。

若能修習此二觀心者，速得趣會一乘之道，當之如是唯心識觀，名為最上智慧之門。能令其心猛利，長信解力，疾入空義，得發無上大菩提心。

第二修：修眞如實觀

修此觀者，當知心性無生無滅，不住見聞覺知，永離一切分別之想，漸漸能過空處、識處、無所有處、非想非非想處等定境界相，得相似空三昧，得此三昧時，受、想、行、識、麤分別相，不現在前。

從此修學者，爲善知識大慈悲者守護長養，是故離諸障礙、勤修不廢，輾轉能入心寂三昧。得是三昧已，即復能入一行三昧，入是一行三昧已，見佛無數發深廣行，心住堅信位。

對於利根者而言，先已能知一切外諸境界，唯心所作、虛狂不實，猶如夢幻。決定無有疑慮，散亂心少，如是等人，當修「眞如實觀」。

對於鈍根者，未能知一切外諸境界，悉唯是心、虛誑不實故、染著情厚、蓋障數起、心難調伏，應當先學「唯心識觀」。

推崇地藏法門的祖師大德

　　地藏菩薩，不但在民間為民眾所崇仰，在出家的古德中，也有特別推崇地藏菩薩，明末清初，佛教有名的四大師--紫柏、蓮池、憨山、藕益，其中藕益大師精通禪、律、天台、淨土諸宗，無一不弘揚。他特別推崇地藏菩薩，藕益大師年輕時已受比丘戒，後又在地藏菩薩前捨比丘戒而成為菩薩沙彌，藕益久居九華山，一生奉事地藏菩薩，自稱為「地藏孤臣」，勤禮地藏懺儀，常持地藏真言，以求懺除業障，往生極樂淨土。

　　近代的弘一大師出家後專研戒律，也特別推崇地藏菩薩，1930年十月十五日，律師聽天台靜權法師來金仙寺講《地藏經》和《彌陀要解》。弘一法師參加聽法，歷時兩個月沒缺過一堂課。有一次靜權法師從經義演繹到孝思在中國倫理學上的重要時，弘一律師當場涕泣如雨，感動莫名。1932年，律師在廈門萬壽岩著《地藏菩薩聖德大觀》中說：「自惟剃染以來，至心皈依地藏菩薩十有五載，受恩罪厚，久欲輯錄教跡，流傳於世，讚揚聖德，而報深恩，今其時矣！」

　　某年在廈門遇到崇信地藏菩薩的盧世侯居士，盧居士發心刺血繪畫地藏菩薩聖像，弘一大師見到非常歡喜，勸其畫《地藏菩薩九華垂跡圖》，自己更為每一幅畫題讚，後印贈此圖，作為六十大壽時，與眾生結緣。

　　當代淨土宗泰斗印光大師，尤其盡力弘揚《地藏經》，教人持佛名號求生西方者，必先勸信因果報應，諸惡莫作、眾善奉行。而《地藏經》

廣明詳盡的因果報應，需真誠懺悔，才能進而修持五戒十善，持名往生淨土。

但願眾生得離苦
不為自己求安樂

很多人，不敢修習地藏法門，尤其不敢在家念《地藏經》，害怕因此召感許多地獄眾生前來，故而不敢修習；更有一些修行人，當他們看到了地藏菩薩的本願——「地獄不空誓不成佛，眾生渡盡方證菩提」，認為地獄怎麼可能有度空的一天呢？跟著地藏菩薩大願是否成佛無期，於是對地藏法門裹足不前，望之卻步。

其實，修行若無法發起廣大如虛空的菩提心，眾生怎麼可能靠近你而得到解脫的法要呢？若因為三惡道眾生可怕、污穢而佇足不敢修行

的人，這種執淨厭濁的心反而成為障道因緣，試想在三惡道受著極大痛苦的眾生，或許曾是你的六親眷屬，又豈可因為他們的外形改變便排斥他們。

地藏菩薩的心願，自從發心以來，心心念念地度化眾生，從不為自己的前途打算。《十輪經》言：「地藏菩薩摩訶薩，有無量無數不可思議殊勝功德之所莊嚴，一切世間聲聞獨覺所不能測。」釋迦佛讚嘆地藏菩薩具大慈悲，憐愍罪苦眾生，於千萬億世界化千萬億身，為不思議威神之功德力所莊嚴，是未證菩薩果位的二乘人所無法測知的。修習地藏法門的人，正是學習地藏王菩薩的本願及菩提心，用慈悲心、平等心，修行迴向給眾生，慢慢學習做一位人世間的「地藏王菩薩」，自然能夠廣結善緣，為眾生

後記。

不辛苦

◎釋法泰

感恩這次的朝聖機會,也非常感謝旅程中得到的所有協助,一切都順利圓滿。

在這次朝聖中,雖然跟隨朝聖團到達聖地,但是行程都是帶著工作人員上山、下山做採訪與拍攝工作。為了珍惜這難得的因緣,不到兩天裡,足跡幾乎踏遍了九華山,也突破了體力的極限,讓自己感到很意外,想來一切都有地藏菩薩與師父的加持,所以才這麼圓滿吧!

在九華山,深深感受到地藏菩薩驚人的大願力,凡夫如我,一向懦弱,如今發現有這麼大的靠山,學佛修行不應再猶豫,一尊尊的肉身菩薩都不是簡簡單單就成就的,修行之路,就如同走上天台正頂的千百層石階一樣,唯有慈悲柔軟,耐心與毅力,才能堅定踏穩每一個步伐,走向正覺的光明頂。

當大家問我朝聖心得為何?答案是:雖然肉體很疲累,但內心可是非常的輕安與法喜。回山後,師父開示,生生世世都應發願:

頂戴釋迦佛的使命、腳踏地藏菩薩的願力、心懷觀音菩薩的慈悲。

～供養大眾　無限感恩～

◎張書維

重蹈覆轍,原來也可以是充滿激賞和感恩的。

重履陳丁林老師的足跡,為的就是拍攝一些陳老師上次在緊迫行程中,未能及時拍攝的一些花絮。

螞蟻v.s熱鍋

第二天的拍攝工作,從清早出發,到太陽公公放工,整整走了十二、三個小時。背著沉甸甸的

攝影器材，在三十多度高溫下，汗流浹背地巔簸著，揮汗如雨，身上衣服不說，光是背包的背帶就不知濕了又乾、乾了又濕幾次。

大放光明的九華山區中，頂著艷陽，穿梭奔走於崎嶇山徑中的寺院間，心中想的就是：「時間不夠了！」、「還有幾個點要拍？」、「要快點走了！」。此時，心情像熱鍋上的螞蟻，腳步更像熱鍋上的螞蟻。

親自體驗如此艱辛的拍攝過程，我不禁暗自佩服，陳丁林老師過人的體力與創作毅力，還真讓二十幾歲的我汗顏不已。

心不苦

海拔1342公尺高的九華山，古剎及院堂遍佈高低山區，往來物資運輸，除了步行，還是步行，所以，九華山四處可見的就是挑夫。

山上挑夫來來去去，在每一個挑夫的擔子上，都是上百斤的民生物品或磚塊。但換來的代價，不過是幾塊錢人民幣。此情此景，一幕幕映在成長於富裕台灣的我眼中，是充滿著苦情和無奈的。僅能夠做的，就是一句親切的問候與關懷，因為自己也走得快掛了，更不可能幫他們挑。於是，我每看到一個挑夫經過，就會問候他們：「辛苦了！」

每當我問候「辛苦了！」之後，他們總會回我一句「不辛苦！」（安徽人習慣這麼說）。一路問候下去，一路聽到「不辛苦！」。沒想到，在一次「辛苦了！」的問候之後，突然聽到一句超級響亮的「心不苦！」著實嚇了一大跳：「哇＠！真是太酷了！那來一位這麼有禪味的挑夫啊！難不成是八百斤和尚—慈明和尚轉世？」

到底是「心不苦」還是「不辛苦」，就不斷地縈繞在艷陽下的腦袋裡，揮之不去，直到夕陽西下，原本以為可以收工了，又突然決定折返明淨禪寺的那一剎那，心中出現了答案。

我知道，挑夫沒說「心不苦」，是地藏王菩薩說的。

【參考資料】

九華聖境　　　　　　　　朱存德　朱勝著　團結出版社2001.4

九華山的傳說　　　　　　中國民間文藝出版社1985

九華山詩選　　　　　　　黃山書社1985

九華山導遊　　　　　　　黃山書社1994

佛教名山　　　　　　　　台灣珠海出版有限公司1997.2

台灣肉身菩薩傳奇　　　　黃玄著　金菠蘿文化出版1995.2

歷史月刊　　　　　　　　歷史月刊1995年4月號

地藏菩薩九華垂跡圖讚　　九華山佛教協會1986

九華山佛學院建院十周年紀念特刊　九華山佛學院2000

正法眼創刊號　　　　　　湖南佛教協會1994.11

國家圖書館品預行編目資料

蓮花佛國／靈鷲山文化‧陳琴富合著；
陳丁林‧張書維攝影
—初版—台北縣永和市：般若，2002〔民91〕
面： 公分‧—（世界宗教朝聖之旅 ；2）
ISBN957-9108-15-3 （平裝附光碟片）
1.寺院-中國大陸2.中國-描述與遊記
227.2   91011887

蓮花佛國 Lotus Buddhist Kingdom

作者／靈鷲山文化、陳琴富合著

攝影／法泰法師、李信男、陳丁林、張書維

副總執行長暨文化顧問／張元隆

指導法師／法泰法師

執行主編／張書維

文字編輯／周掌宇、許國華

美術設計／林月華

圖片提供／宓雄‧吳三龍

VCD攝影／柯文哲、黃政達

VCD影像剪輯／周智芬、陳鴻森、柯文哲

出版者：財團法人靈鷲山般若文教基金會附設出版社

地址：台北縣永和市保生路2號21樓

讀者服務專線：（02）8231-6789＃214

郵撥帳號：18887793

戶名：靈鷲山基金會附設出版社

統一編號：78359502

發行日期：2002年8月

印刷版次：初版一刷

定價：400元

世界宗教朝聖之旅02

LOTUS BUDDHIST KINGDOM